대한민국
미래경제
보 고 서

기술의 미래

대 한 민 국
미 래 경 제
보 고 서

The Future of Technology

기술의 미래

세상을 바꿀 10가지 파괴적 기술

| 매일경제 미래경제보고서팀 지음 |

매일경제신문사

매경미디어그룹의 지난 50년은 대한민국 경제 성장의 기록이
었다. 1966년 3월 24일 '앞길은 밝다'라는 첫 머리기사로 창간한
〈매일경제〉는 우리 경제가 걸음마를 뗄 때는 순간부터 세계 11위의
경제대국으로 성장하는 과정을 누구보다 객관적으로 기록하고
알렸다. 1966년 1인당 국민소득 128달러였던 후진국은 이제는
소득 3만 달러를 내다보는 선진국 수준으로 도약했다. 매경미디
어그룹은 국민들이 지쳐 있을 때는 의지를 북돋웠고 슬퍼할 때는
위로하면서 한국의 성장과 궤를 같이했다. 지난 50년 우리 경제
와 동고동락한 〈매일경제〉도 성장의 역사를 써 내려갔다. 창간 당
시 후발 경제신문이었지만 이제는 어엿한 국내 최고의 미디어그
룹으로 발돋움하면서 비약적인 발전을 이뤘다.

창간 50주년을 맞은 2016년. 매경미디어그룹은 한 발 더 나아

가려고 한다. 성장의 역사만을 기록하기엔 우리를 둘러싼 대내외 환경이 녹록지 않다. 인구는 줄어들고 시장은 포화상태다. 정치권은 통합과 화합보다 분열과 갈등을 조장하고 있다. 미국의 금리 인상 시나리오와 중국의 경착륙 우려로 우리 경제는 살얼음판을 기고 있다. 앞으로 우리 경제는 성장의 역사를 반복하기보다 축소 균형의 궤도에 진입할 것이라는 염려가 커지고 있다. 이런 상황에서 언론의 역할은 역사를 기록하는 것에 그치지 말고 한 단계 진일보해야 한다.

매경미디어그룹은 창간 50주년을 맞아 미래 50년을 준비하는 제2의 창간을 하는 심정으로 역사 앞에 섰다. 우선 철저하게 현실에 기반을 두고 우리 경제의 미래를 예측했다. 냉정한 분석 결과 현 상태가 지속될 경우 비관적인 전망이 많았다. 다음으로 비관을 낙관으로 바꾸기 위한 전략을 만들고자 노력했다. 발로 뛴 현장기자들과 전문가들의 분석을 합쳐 우리 경제의 핵심 영역인 기술, 기업, 금융, 정치, 도시 분야에서의 액션 플랜을 수립했다. 그렇게 만들어 낸 비전과 액션 플랜을 선입관을 배제하고 객관적으로 기술했다.

이번에 발간하는 5권의 책에는 우리 경제의 과거 50년과 미래

50년을 관통하는 화두들을 모았다. 한 치 앞도 못 보는 시대에 미래 50년을 내다본다는 것이 쉬운 작업은 아니었다. 하지만 국민들에게 희망을 심어 주기 위해서는 향후 50년의 비전을 이야기할 필요가 있었다. 막연한 갈망이 아닌 구체적인 실현 가능성이 있는 희망을 얘기하고 싶었다. 결코 과장하지 않았고 미래를 얘기하기 위해 현재를 폄하하지도 않았다. 그렇게 한 땀 한 땀 써 내려간 대한민국 미래경제보고서를 이제 독자들에게 내놓는다. 이 책이 우리 경제의 미래 50년을 '제2의 성장 시대'로 이끌어 갈 시금석이 되길 기대해 본다.

매경미디어그룹 회장
장 대 환

미래는 꿈꾸고 준비하는 자의 몫이다. 현실이 아무리 어려워도 미래를 사전에 준비하는 사람들의 앞날은 밝다.

미래를 준비하는 데는 고통이 따른다. 그 고통을 극복하게 만들어 주는 것이 희망이다. 미래가 객관적인 것이라면 희망은 주관적인 것이다. 희망이 있는 사람들은 미래를 자신의 것으로 만들 수 있다. 그리스 신화에 나오는 판도라의 상자에 끝까지 남아 있는 것은 희망이었다. 많은 고통들이 상자에서 빠져나와 사람들을 괴롭혔지만 희망을 간직하고 있었기에 그 고통을 극복할 수 있었다.

남아프리카공화국의 인종차별정책에 맞서 싸웠던 넬슨 만델라는 1964년 종신형을 선고받고 투옥됐다. 독방에 갇혀 하루하루를 보내던 그에게 큰딸이 찾아와 손녀의 이름을 지어 달라고 했다. 당시 넬슨 만델라가 쪽지에 적어 준 이름은 '아즈위Azwie, 희망'였다. 만델라는 투옥 26년 만인 1990년 2월 출소하고 1994년 실시된 선거에서 승리해 남아프리카공화국 최초의 흑인 대통령이 된다. 희망을 잃지 않고 미래를 준비한 사람만이 미래를 자기 것으로 만들 수 있다는 것을 보여 줬다.

한국의 근현대사도 우여곡절은 있었지만 대체적으로 희망의 역사였다. 일본의 침략과 동족상잔의 6·25 전쟁으로 폐허가 됐던 후진 국가가 지금 세계 11위의 경제대국으로 발전한 기저에는 희망이 있었다. '잘 살고 싶다'는 희망은 '잘 살아 보자'는 의지로 바뀌었고 국민들이 똘똘 뭉쳐 열심히 일해 나라를 발전시켰다. 해방 이후 오랫동안 독재정권하에서 산업화를 진행시켰고, 다른 한편으로 민주화에 대한 희망은 시민운동을 낳았고 민주화를 이뤄냈다. 많은 정치·경제 지도자들이 국민들의 희망을 의지로 바꿨고 그 의지에 기반을 둔 행동들은 많은 것을 변화시켰다.

매경미디어그룹은 창간 50주년을 맞아 '무엇을 할 것인가'를 고민했다. 우선 우리나라 사람들의 희망을 점검해 봤다. 이 조사는 〈매일경제〉와 LG경제연구원이 공동으로 여론조사업체 매트릭스에 의뢰해 전국 성인남녀 1,000명을 대상으로 한 설문에 기반을 됐다.

결과는 다소 비관적이었다. 노력하면 성공할 수 있다는 희망, 내일이 오늘보다 나을 것이라는 희망, 자식은 나보다 행복할 것이라는 '희망 공식'에 균열이 가고 있었다.

자신의 부모 세대보다 현재 자신의 삶의 질이 좋아졌다고 생각하는 사람은 64%에 달했다. 나빠졌다고 답한 비율은 11.9%에 불과했다. 그러나 지금 자신보다 미래 세대의 삶의 질이 더 좋아질 것이라고 보는 사람은 38%에 불과했다. 더 나빠질 것이라고 대답한 비율도 31.2%를 기록했다. 미래를 우울하게 보는 시각이 빠른 속도로 확산되고 있는 것으로 진단됐다.

현실도 이를 반영한다. 최근 폭발적인 인기를 끈 드라마 〈응답하라 1988〉을 보면 어렵지만 희망을 갖고 오순도순 살아가는 우리 이웃들의 이야기가 나온다. 지금보다 훨씬 못살던 시절이었지만 그들은 나름대로의 희망을 갖고 그 꿈을 이루기 위해 노력했다. 셋방살이하던 집의 딸들은 법관과 스튜어디스가 됐고, 홀어머니 밑에서 어렵게 공부하던 아들은 의사가 된다. 그들의 모습은 우리의 30년 전 모습이었고 30년간 우리나라는 정치·경제적으로 비약적인 발전을 이뤘다.

하지만 2016년의 현실은 어떤가. 언론이나 인터넷에는 '흙수저', '헬조선'이라는 말들이 난무한다. 현실적으로 우리는 과거와는 비교할 수 없을 정도의 풍요를 누리고 있다. 1인당 국민소득은 10배 이상 늘었고 삶의 환경도 개선됐다. 그럼에도 우리가 만나는 청년들의 표정은 어둡고 침울하다. 열심히 노력해도 돌아오는 것은 없다는 자괴감, 게임을 시작하기도 전에 승부가 결정 나 있다는 것에 대한 불만, 타인에 대한 불신 등으로 가득 차 있다. 노년층은 노후가 불안하고, 중장년층은 자식들의 미래를 걱정하고, 청년층은 본인들의 삶을 디자인하기 어려운 게 현재의 상황이다. 〈매일경제〉는 이런 상태는 가히 '희망 절벽'이라 부를 만큼 충격적이라고 진단했다. 희망 절벽을 넘어서는 다리를 만들지 않고서는 우리나라 국가도 개인도 미래가 없다.

희망을 잃어 가게 만드는 원인으로는 여러 가지가 지적됐다. 우선 경제적으로는 저성장에 대한 염려가 가장 컸다. 우리나라에서 물건을 만들어 낼 수 있는 생산가능인구는 2016년을 정점으로 감소한다. 경제 성장을 이끄는 가장 중요한 생산요소인 인구 감소로 저성장은 불가피하다. 인구 감소는 우리가 감내해야 하는 부분이다. 인구가 줄어들면 생산성을 높이거나 자본을 축적해 성장을 이끌 수 있다. 또 경제활동을 하려는 의지가 고취된다면 성장률은 높아진다. 하지만 우리나라의 현 상태는 기업들이 돈을 벌어도 투자를 하지 않고 생산성도 떨어지고 있으며 경제활동을 하려는 의지도 퇴보하고 있다. 국가 발전을 이끌 정치권에 대한 실망감도 미래를 불안하게 만드는 요인이다. 국민들의 투쟁으로 대통령 직선제라는 민주화를 이뤄 냈지만 현재 정치권이 보여 주는 행태는 우리나라 사람들에게 실망감만 안겨 줄 뿐이다. 정치 개혁이 이뤄지지 않고서는 희망 절벽을 건너는 것은 요원하다는 게 많은 국민들의 시각이다.

〈매일경제〉 미래경제보고서팀이 만든 이번 보고서는 꺼져 가는 희망의 불씨를 고취시키고 희망을 국민들의 의지로 전환시키자는 취지로 작성됐다. 희망은 감성의 문제이지만 이를 의지로 전환시키는 것은 이성의 영역이다. 치밀한 분석과 대안 제시 없이 희망만을 나열한다면 이는 희망고문과 다름이 없다.

분석 대상은 기술, 기업, 금융, 정치, 도시 등 5개의 영역으로 골랐나. 기술, 기업, 금융 파트는 미래의 성장 잠재력을 높이기 위한 부분이고 정치는 제도 개혁에 초점을 뒀다. 도시를 분석의 영역으로 넣은 것은 미래 우리의 삶의 질 향상과 관련해서 도시의 개발과 발전이 필수적이라는 판단에서다.

분석과 대안 제시를 위해 각 영역별로 다수의 전문가들로 자문단이 구성됐다. 영역별 전문기자들이 자문단과 5개월간 치밀한 분석 작업을 진행했다. 이 보고서는 전문기자들과 한국 최고의 전문가들이 머리를 맞대고 조사, 분석한 결과물들을 모았다.

총 5권으로 구성된 각 책은 별권으로서의 완결된 구조를 갖췄다. 5대 분야별 미래의 모습과 여기에 따라가지 못하는 한국의 현실을 적나라하게 고발했다. 다음으로 미래를 우리 것으로 만들기 위한 실천 방안을 모색했다. 문제를 제기하는 것은 저널리스트의 몫이었고 대안 제시와 관련해서는 전문가들의 도움을 받았다. 이번 책이 과거 50년과 미래 50년의 번영을 연결하는 희망의 사다리 역할을 하길 기대해 본다.

제25차 미래경제보고서팀

바둑기사 이세돌과 인공지능 컴퓨터 알파고의 세기의 대결은 승패와 관계없이 '인공지능' 역사에서 중요한 변곡점이다.

사실 인간의 뇌와 인공지능은 작동방식이 다르다. 그래서 인간의 뇌가 어려워하는 것을 인공지능은 쉽게 풀어내고 인간의 뇌가 쉽게 이해하는 것은 인공지능이 쩔쩔맨다.

예를 들어 서너 살 먹은 아이도 처음 보는 강아지를 '개'라고 쉽게 인식하지만 인공지능은 사전에 입력된 정보가 없으면 처음 보는 동물이 개인지 고양이인지 구별을 하지 못한다. 반대로 복잡한 다차방정식을 인간의 뇌는 끙끙대며 풀어 가지만 인공지능은 눈 삼싹할 사이에 풀어낸다.

인공지능이 체스에서는 오래전에 인간을 이겼지만 바둑에서 인간의 뇌를 넘어서기까지 오랜 시간이 걸리는 이유도 여기에 있다. 체스는 상대방이 움직일 경우의 수를 계산해서 상대편 말을 먹는 게임이기 때문에 인공지능이 인간의 뇌보다 더 빠르게 경우의 수를 계산하고 예측할 수 있다. 하지만 바둑은 체스나 장기처럼 상대방의 말을 없애는 방식이 아니라 빈칸을 채워 나간 후 집의 크기를 비교하는 방식인 데다가 무한의 경우 수가 생기는 '패'도 있고 두터움이나 기세처럼 인공지능이 이해할 수 없는 영역이 많아서 하나의 알고리즘으로 만들어 대응할 수 없다.

인공지능과 인간의 바둑 대결이 성사됐다는 것만으로도 이미 대부분의 분야에서 인공지능이 인간의 뇌를 대체할 것이라는 얘기가 된다. 이런 인공지능이 만들어 갈 세상은 유토피아일 수도 있고 디스토피아일 수도 있다. 인간이 이를 어떻게 활용하느냐에 달린 문제다.

인공지능과 이세돌의 대결은 또 우리나라가 인공지능을 둘러싼 미래기술 전쟁에서 뒤처지고 있다는 경고이기도 하다.

이세돌과 대결을 벌인 인공지능 알파고는 머신러닝 기술을 극대화한 구글의 인공지능이다. 미래 선점 기술에서 이미 우리나라 기업들보다 앞서가고 있는 것이다.

구글뿐 아니다. 페이스북도 인공지능 뉴스피드 개발에 투자를 아끼지 않고 있다. 또 테슬라의 창업자 일론 머스크와 샘 올트먼 와이컴비네이터 사장, 피터 틸 클래리엄캐피털 사장 등 실리콘밸리의 거물 투자자들은 인류에게 도움이 되는 인공지능 개발을 위해 '오픈 AI'를 창립했다.

이뿐 아니다. 테슬라의 일론 머스크와 아마존의 제프 베조스는 우주여행을 현실화할 우주발사체 기술 경쟁을 벌이고 있고, 구글과 애플은 미래 자동차의 설계도를 선점하기 위해 다투고 있다.

미래 비전으로 무장한 기업들뿐 아니라 각국의 정부도 미래 경쟁을 하고 있다. 미국 정부가 '브레인 이니셔티브'를 통해 뇌과학 연구를 시작하는 것도, 영국이 그래핀에 대한 대대적인 투자를 결정한 것도, 일본이 역분화줄기세포에 전폭적인 지원을 아끼지 않는 것도 모두 미래를 선점하기 위해서다.

전 세계가 미래기술을 선점하기 위해 경쟁을 벌이고 있는데 저성장의 늪에 빠진 한국 기업들은 미래에 대한 투자는 고사하고 오늘의 생존만을 고민하고 있다.

가발과 봉제인형이 주요 수출품이던 시절에 미래를 위해 중화학 공업에 투자했고, 개발도상국 누구도 반도체와 자동차에 투자를 하지 않을 때 도전 정신을 갖고 과감하게 투자했듯이 이제 미래를 결정할 과학기술에 대한 투자에 담대하게 나서야 한다.

SF 작가인 윌리엄 깁슨은 "미래는 이미 와 있다. 단지 널리 퍼져 있지 않을 뿐"이라고 말했다. 미래를 결정할 과학기술의 싹이 우리의 실험실에서도 이미 움트고 있는 것이다.

〈매일경제〉는 창간 50주년을 맞아 국내 과학기술 분야 최고 전문가들과 함께 미래를 결정할 10가지 과학기술을 선정했다.

전문가들은 뇌과학, 인공지능과 관련된 기술을 미래를 바꿀 기술로 내다봤다. 당장 상용화하기는 어렵지만 50년 내에 지구의 에너지 문제를 해결할 수 있는 핵융합과 불필요한 유전자를 제거할 수 있는 유전자 가위, 기존 컴퓨터보다 수백만 배 빠른 계산 능력을 자랑하는 양자컴퓨터 역시 미래 성장동력이 될 것으로 예상했다. 새로운 생명체를 설계하는 합성생물학, 자율주행차, 인간과 비슷한 형상을 한 휴머노이드 로봇, 피부에 떼었다 붙일 수 있는 웨어러블 기기도 미래기술로 선정됐다.

10대 기술 중 일부는 우리의 연구 수준이 세계와 어깨를 겨룰 정도로 발전했고 일부는 뒤처져서 집중적인 투자가 필요하기도 하다. 창의적 연구자들의 머릿속에서, 대학의 실험실에서, 기업의 연구실에서 움트고 있는 과학기술의 싹을 거대한 나무로, 숲으로 키우는 일은 우리 모두의 몫이다.

오세정 서울대 물리천문학부 교수는 "세계 주요국들은 기존 기술력이 한계에 다다른 상황에서 새로운 성장동력을 찾아야 한다는 절박함을 이미 깨달았다. 우리도 더 이상 늦출 수 없는 상황"이라고 말했다.

CONTENTS

CHAPTER **03** 과학기술이 가져올 밝은 미래

CHAPTER **04** 미래기술 전쟁에서 승리하려면

CHAPTER 01

미래기술
글로벌 선점 전쟁

2066년,
김매경 씨의 하루

　2066년 1월 1일, 직장인 김매경(가칭) 씨는 알람 소리에 눈을 떴다. 손목에 붙인 패치형 웨어러블 기기가 심박 수와 체온, 혈당 등이 모두 정상임을 알려 줬다. 피로가 조금 누적돼 있다는 경고 메시지가 떴다. 간밤에 악몽을 꿔서 잠을 설친 탓이다.

　김 씨는 인공지능 비서인 '자비스'를 불렀다. "오늘 날씨는 어때?" 자비스는 "맑지만 기온이 낮으니 옷을 두껍게 입어야 합니다"라고 또박또박 말했다. 김 씨는 집안 청소를 도맡아 하는 휴머노이드 로봇 '아이언맨'에게 두꺼운 옷을 준비하라고 명령했다. 그는 옷을 입고 집을 나서면서 뇌파 모자를 썼다. 뇌파를 읽어 명령을 내려 주는 장비다. 그는 '회사까지 갈 무인차를 부르고 악몽을 지워야 하니 병원 예약을 부탁해'라고 생각했다. 곧바로 자비스는 "10분 뒤 차량이 도착하며 병원 예약은 오후 5시"라고 알려

왔다. 뇌지도가 완성되면서 뇌파
로 명령을 하거나 불필요한 생각
을 지우는 일이 가능해졌다.

영화 〈아이언맨〉에 등장하는 인공지능
'자비스'.

자율주행차를 타고 회사에 도
착했다. 시속 60㎞의 일정한 속도
로 이 차량은 도로 위를 사고 없
이 부드럽게 달린다. 차가 막혀

지각하는 일은 걱정하지 않아도 된다. 기존 컴퓨터보다 수백만
배 빠른 양자컴퓨터가 도로 상황을 분석할 수 있기 때문이다. 차
량 안에서 그는 돌돌 말려 있는 디스플레이 신문을 꺼내 아침 뉴
스를 읽었다.

합성생물학을 연구하는 김 씨는 최근 치매를 치료할 수 있는
새로운 미생물을 만들어 내는 데 성공했다. 뇌지도를 통해 치매
를 일으키는 단백질의 생성 원리를 찾아내고 지구상에 없는 미생
물을 만들어 치료제를 개발한 것이다. 김 씨는 다음 날 미국에 있
는 벤처기업과 기술 이전 문제를 논의하기로 하고 한국형 발사체
티켓을 구입했다. 대기권을 통과해 여행하는 발사체 기술은 미사
일이 아닌 여객기로 활용되고 있다. 초속 7㎞의 발사체를 타고 날
면 서울에서 뉴욕까지 30분 만에 도착할 수 있다.

퇴근 전 김 씨의 누나로부터 연락이 왔다. 조카가 생겼다고 했
다. 태아의 유전자 분석 결과 암을 유발하는 DNA 염기서열이 발

견됐지만 유전자 가위로 간단히 제거할 수 있다고 했다. 건강한 아이가 태어나기만을 기다리면 된다. 김 씨의 회사 옆에는 커다란 핵융합 발전기가 가동되고 있다. 태양에서 발생하는 핵융합 반응을 모방한 발전기인데 이곳에서 만든 전기만으로도 서울에 있는 1,500만 인구가 생활하는 데 아무런 문제가 없다. 핵융합 상용화 이후 '블랙아웃'은 걱정할 필요가 없어졌다. 병원에 들러 악몽을 지우고 자리에 누운 김 씨는 자비스에게 잠을 잘 수 있는 최적의 환경을 만들라고 지시했다. 2066년 첫날의 하루는 그렇게 흘러갔다.

아직은 공상과학SF 속 모습일지 모른다. 하지만 50년 뒤라면 얘기가 달라진다. 〈매일경제〉가 30명의 기초과학자, 공학자 등 전문가들과 함께 상상한 미래는 이랬다. 반도체와 조선업 등 한국의 경제 성장을 이끌었던 성장동력이 힘을 잃은 지금, 전문가들은 먼 미래 인류를 이끌어 갈 주요 기술 선점을 시작해야 한다고 주문하고 있다. 김도연 포스텍 총장은 "한국이 패스트 팔로어Fast Follower에서 퍼스트 무버First Mover로 나아가기 위해서는 새로운 먹거리에 대한 논의와 분석이 필요하다. 이미 많은 국가와 기업들이 미래기술 선점을 위해 치열한 경쟁을 벌이고 있다"고 말했다.

'10대 미래기술'
어떻게 선정했나

〈매일경제〉는 미래기술 10가지를 선정하기 위해 우선 미래창조과학부와 한국과학기술기획평가원KISTEP, 한국전자통신연구원ETRI 등 국내 연구기관과 미국 과학저널인 〈사이언스〉, 〈네이처〉 등이 뽑은 미래 유망 기술 리스트를 작성했다. 그 뒤 전문가의 도움을 받아 해당 기술을 정리하고 총 18가지의 주요 기술을 선정했다. 이후 국내 저명한 기초과학자, 공학자 등을 대상으로 설문조사(중복투표 가능)를 실시해 이 중 10가지 기술을 추려 냈다.

자문교수단은 뇌과학, 인공지능과 관련된 기술을 미래를 바꿀 기술로 꼽았다. 또한 당장 상용화는 어렵지만 50년 내에 지구의 에너지 문제를 해결할 수 있는 핵융합과 불필요한 유전자를 제거할 수 있는 유전자 가위, 기존 컴퓨터보다 수백만 배 빠른 계산 능력을 자랑하는 양자컴퓨터 역시 미래의 성장동력이 될 것으로 예상했다. 이 밖에도 새로운 생명체를 설계하는 합성생물학, 자율주행차, 인간과 비슷한 형상을 한 휴머노이드 로봇, 피부에 떼었다 붙일 수 있는 웨어러블 기기 등을 핵심 기술로 선정했다.

전문가들이 선정한 미래 10대 기술은 최근 1~2년 사이 전 세계적으로 치열한 경쟁이 시작된 분야이기도 하다. 오세정 서울대 물리천문학부 교수는 "기존 기술력이 한계에 다다른 상황에서 새로운 성장동력을 찾고 이를 선점하기 위한 본격적인 경쟁이 시작됐다. 미래를 정확히 예측하고 목표를 설정하는 일이 중요하다. 10대 기술의 상당수는 기초과학 분야지만 이미 상용화되면서 응용과학으로 확대되고 있다. 기초, 응용을 나누는 이분법적인 사고를 버리고 지속적인 연구개발을 시작해야 한다"고 조언했다.

미래기술 전쟁은
이미 시작됐다

2016년 4월 유럽연합EU은 '인간 뇌 프로젝트HBP, Human Brain Project'에 대한 본격적인 투자에 나선다. 인지신경과학을 연구하는 2개의 연구단에 매년 1,000만 달러, 우리 돈으로 약 120억 원을 투자하고 이를 점차 확대해 나간다는 계획이다. 2012년부터 향후 10년간 1조 5,000억 원을 쏟아붓는다는 계획을 세웠던 HBP는 '어떤 연구에 돈을 투자할 것인가'를 두고 지난 2년간 끊임없는 토론을 벌여 왔다. 9월에는 4개의 연구단을 추가로 선정해 지원하기로 했다. HBP에는 영국과 독일 등 유럽 전역에 있는 80여 개의 연구소가 참여한다.

2015년 12월 테슬라의 창업자 일론 머스크와 샘 올트먼 와이컴비네이터 사장, 피터 틸 클래리엄캐피털 사장 등 실리콘밸리의 거물 투자자들이 인류에게 도움이 되는 인공지능 개발을 위해

'오픈 AI'를 창립했다. 이곳에 투자하는 돈만 1조 원이다. 지금까지 인공지능 연구는 구글과 페이스북 같은 인터넷기업의 전유물이었다. 이들은 "투자금 회수에 구속받지 않는다"며 인간을 대체하는 것이 아니라 인간이 모자란 점을 보충해 줄 수 있는 기술 개발에 주력하겠다는 방침을 밝혔다. 향후 인공지능이 갖게 될 파괴력 때문이다.

구글은 '세상을 뒤바꾸는 연구'를 하겠다며 지난 2012년 '구글 X' 프로젝트를 가동했다. 자율주행차, 구글 글래스, 스마트 콘택트렌즈 등이 모두 구글X의 작품이다. 알약 하나를 먹으면 간단히 암과 같은 질병을 진단할 수 있는 기술 개발도 시작했다. 커다란 기구를 하늘에 띄워 사막이나 오지 등에서도 인터넷에 접속할 수 있게 하는 '프로젝트 룬'도 눈길을 끈다. 영화 속 이야기 같은 일을 현실화하기 위해 구글은 실제 SF 작가들을 고용해 창의적인 아이디어를 실현할 수 있는 방안을 찾고 있다.

2015년 벤처기업의 성지로 불리는 실리콘밸리는 '합성생물학'이라는 새로운 학문에 열광했다. 과학저널 〈네이처〉에 따르면 2015년 실리콘밸리에서 합성생물학 기술로 투자에 성공한 벤처기업 수는 24개로 2012년 6개에 비해 4배나 늘었다. 존 컴버스 신바이오 베타 창업자는 "합성생물학업계는 2015년 5억 6,000만 달러(약 6,700억 원)의 자금을 투자받았다. 불과 3년 전과 비교했을 때 상황이 많이 달라졌다"고 말했다. 이승구 한국생명공학연구원

브레인 이니셔티브에 대해 발표하는 버락 오바마 미국 대통령.

바이오합성연구센터장은 "장기적으로 합성생물학은 바이오연료, 바이오센서 등 기존 기술로 할 수 없었던 것의 새로운 가능성을 열어 줄 것이다. 가능성에 대한 투자가 시작됐다"고 말했다.

전 세계적으로 저성장 기조가 이어지는 가운데 각국이 미래 선점을 위한 신성장동력 찾기에 나서고 있다. 미국과 EU, 일본 등은 인간의 뇌를 연구하기 위한 국가적인 프로젝트를 시작했다. 중국은 제조업 강국으로 거듭나기 위한 '중국제조2025'를 가동했다. 기업들도 마찬가지다. 테슬라와 아마존은 민간 우주발사체 재사용 기술 경쟁을 벌이고 있다. 구글과 애플을 필두로 한 기업들도 자율주행차를 통한 미래 자동차 시장 선점을 위해 경쟁하고 있다.

전문가들은 50년 뒤 뇌에 대한 연구가 큰 영향력을 발휘할 것이라고 내다봤다. 이를 반영하듯 전 세계적으로 뇌 연구에 대한 투자가 집중적으로 늘어나고 있다. 지난 2013년 버락 오바마 미국 대통령은 "브레인 이니셔티브Brain Initiative는 정부가 최고의 아이디어를 지원한다는 것을 보여 주는 좋은 사례다. 지금이야말로 일자리를 만들 수 있는 과학과 혁신에 과감한 투자를 해야 할 때"라고 역설했다. 이후 미국은 인간 뇌지도 작성을 차세대 과제로 선정하고 전폭적인 지원에 나섰다. 2013년 이후 10년간 뇌지도 작성에 30억 달러(약 3조 5,000억 원)를 투자한다는 방침이다.

유럽도 이에 질세라 '인간 뇌 프로젝트HBP'를 기획하고 10년간 13억 4,000만 달러(약 1조 5,000억 원)를 투자하기로 했다. 일본도 2014년 '뇌마음Brain/MINDS, 질병 연구 목적의 통합신경공학 지도 그리기'이라는 연구 계획에 시동을 걸었다. 러시아도 새로 출범한 고등연구재단FAR에 1억 달러(약 1,200억 원)를 투자하겠다고 밝혔다. 심지어 이란도 뇌지도 연구에 뛰어들었다. 이란 국가과학재단INSF의 지원을 받은 이란 연구팀은 최근 독일, 캐나다와 손잡고 뇌지도 연구를 시작한다고 선언한 뒤 뇌 연구 전문가들 스카우트에 나섰다.

합성생물학의 역사는 15~20년밖에 안 되지만 미국, 영국 등 선진국이 주도권을 잡기 위해 적극적으로 투자에 나서고 있다. 세계 최고 기술력을 지닌 국가는 역시 미국이다. 세계 최초로 인공 염기인 X, Y를 포함한 대장균을 만들면서 세상을 깜짝 놀라게 만들었다. 더욱 놀라운 것은 복제를 통해 인공염기가 대를 이어 유전되는 것까지 확인했다는 점이다. 미국은 이렇듯 기초연구에서 두각을 나타내고 있으며 응용 분야에서도 선두를 굳게 지키고 있다. 미국을 제외하면 영국이 새로운 강자로 부상하고 있다. 영국은 정부가 주도적으로 나서 합성생물학 육성에 힘을 쏟고 있다. 2014~2015년 700억 원을 투자해 5개 센터를 설립했다. 영국생물학연구협의회BBSRC는 10가지 연구투자 분야 중 첫째로 합성생물학을 선정하고 2005~2012년까지 1,000억 원 이상의 과제를 지원했다.

태양을 모방한 핵융합은 천문학적인 예산과 기술적 난제로 어느 특정 국가 하나가 뛰어들기엔 부담이 큰 분야다. 경쟁이 이뤄지고는 있지만 큰 틀에서 주요 국가들이 손잡고 공동연구를 진행하는 방향으로 나아가고 있다. 현재 프랑스 카다라슈 지역에 건설 중인 '국제핵융합실험로ITER'가 대표적이다. 미국과 EU, 한국, 중국, 일본 등 7개 국가가 함께 핵융합 상용화를 위한 실증로를 짓고 있다. 이와 별개로 한·중·일 3국은 핵융합에 핵심적인 부품인 초전도 토카막 장치를 ITER 완공 전 각각 가동한다는 목표를 가지고 연구를 진행하고 있다. 유럽의 경우 EU 산하의 핵융합에너지 개발 전담기구인 유럽원자력공동체EURATOM 아래 유럽핵융합개발협약EFDA 및 F4EFusion for Energy를 구성했다.

인공지능 분야는 국가보다는 주요 기업들이 각개약진 하는 방식으로 개발을 주도하고 있다. 특히 구글, 페이스북, IBM 등 글로벌 정보기술IT기업들이 인공지능 전쟁을 이끌고 있다. 과거 이들 기업이 인공지능의 기술적 연구개발에 주력했다면 이제는 인공지능을 적용한 생태계 조성에 힘쓰는 쪽으로 방향이 바뀌고 있다. 인공지능이 적용된 로봇, 자율주행차 등에서 향후 인공지능 전쟁이 치열해질 전망이다.

　IBM의 경우 '코그니티브 비즈니스Cognitive Business'란 개념을 제시하면서 인공지능 분야의 이슈를 선점하려 하고 있다. 각종 모바일 기기와 인프라, SNS 등을 통해 확보한 빅데이터와 인지컴퓨팅 기술을 기반으로 산업 영역에서 다시금 디지털 혁신을 일으킨다는 것이 골자다. IBM의 인공지능 컴퓨터 '왓슨'의 경우 36개국에서 20개 이상의 산업군에 적용됐다. 구글, 페이스북도 각각 '텐서플로우'와 '빅서'라는 인공지능 기술을 공개했다. 중국 바이두도 2013년 미국 캘리포니아에 심층학습연구소IDL를 만들어 인공지능 연구에 박차를 가하고 있다.

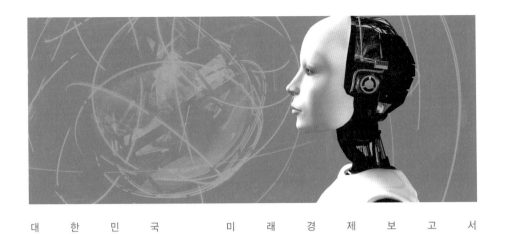

CHAPTER 02

신의 경계를 넘보는
과학기술

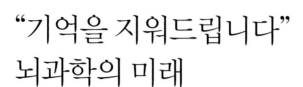

"기억을 지워드립니다"
뇌과학의 미래

"인류는 몇 광년1광년은 약 9조 5,000억 ㎞ 떨어진 은하도 찾아내고 원자보다 작은 미립자도 규명해 낼 수 있다. 하지만 양쪽 귀 사이에 있는 3파운드(1.4㎏)짜리 뇌의 미스터리는 아직 풀지 못했다." **버락 오바마** 미국 대통령, 2013년 4월 2일

2ℓ가 채 되지 않는 크기, 하지만 감각으로 얻은 정보를 통해 행동하는 '지각 능력'은 컴퓨터보다 빠르다. 세상에서 가장 복잡하면서도 정밀한 장치지만 인간이 알고 있는 것은 1% 미만에 불과한, 그래서 더욱 신비롭게만 느껴지는 인간의 뇌. 2013년 4월 버락 오바마 미국 대통령이 뇌지도를 그리겠다는 '브레인 이니셔티브' 프로젝트를 발표한 뒤 뇌 연구는 과학기술계의 화두로 떠올랐다.

1,000억 개의 신경세포(뉴런)로 이루어져 있는 인간의 뇌지도를 그리겠다는 것을 목표로 한 연구가 미국과 유럽, 일본 등 세계 각지에서 진행되고 있다. 인간은 뇌 연구를 통해 무엇을 알아내려고 하는 것일까.

뇌 연구의 역사는 기원전 3,000년 전으로 거슬러 올라간다. 고대 이집트인들이 파피루스에 남긴 자료에 따르면 이들은 사람이 죽은 뒤 미라를 만들 때 두개골 사이에 있는 뇌를 제거해야 한다고 적었다. 두통 완화나 정신질환 치료를 위해 두개골에 구멍을 뚫는 '두부 절개술'을 시술한 흔적도 발견됐다.

뇌 연구가 본격적으로 진행되기 시작한 것은 이탈리아의 카밀로 골지 박사와 스페인의 산티아고 카할 박사가 뉴런을 발견하면서부터다. 골지 박사가 뇌조직을 염색하는 방법을 발견했고, 카할 박사가 뇌의 신경망을 그림으로 그리기 시작했다. 이들은 뇌의 구조를 상세하게 연구한 공로를 인정받아 1906년 노벨 생리의학상을 수상했다.

뇌에 있는 작은 신경세포는 미세한 전기를 흘려보내며 기억을 저장하고 인간 행동을 명령한다. 신경세포가 연결된 시냅스에서는 각종 호르몬이 분비되며 감정을 조절한다. 만약 이 부분에 조금이라도 문제가 생기면 인간의 몸은 정상적인 작동이 불가능해진다. 각종 질병은 물론 외상 후 스트레스 장애, 고소공포증, 대인기피증 등 여러 정신질환을 일으키는 원인이 된다. '불치병'으로

불리는 치매도 마찬가지다. 뇌에 베타아밀로이드라는 단백질이
축적되면 기억력은 물론 상황 판단 능력이 현저하게 떨어진다.

많은 질병이 뇌와 연관되어 있음에도 인류는 뇌를 잘 알지 못
한다. 신경세포가 워낙 많고, 상호작용하는 부분이 많기 때문이
다. 서민아 기초과학연구원IBS 뇌과학이미징연구단 연구위원은
"인간이 뇌에 관해 알고 있는 부분은 1% 미만이다. 솔직히 우리
가 모르는 것이 얼마나 되는지조차 알 수 없다"고 말했다.

미국과 유럽, 일본 등 많은 선진국들이 추진하고 있는 뇌 프로
젝트는 바로 여기에 초점이 맞춰져 있다. 인간이 상황을 판단하
고 행동을 결정할 때 뇌세포가 분자 수준에서 어떻게 작동하는지
부터 뇌세포가 구성하는 신경회로의 연결, 신경회로의 상호작용
으로 작동하는 신경계 전체의 움직임 등을 알아내겠다는 것이다.
최근에는 뇌의 절반 이상을 차지하는 비신경세포에 대한 연구로
도 확대되고 있다.

하지만 1,000억 개의 신경세포(뉴런)와 100조 개에 이르는 시
냅스가 어떻게 상호작용하는지 밝혀내는 것은 쉬운 일이 아니다.
현재 뇌지도가 완성된 생명체는 길이가 1cm에 불과한 꼬마선충
이다. 꼬마선충의 뇌지도를 그리는 데 15년이 걸렸다. 지난 2014
년 한국과학기술연구원KIST 연구진이 실험쥐의 뇌 중에서 기억과
관련된 해마의 신경망 지도를 일부 완성했다. 20여 개의 신경세
포에 대한 뇌지도를 완성한 것이다. 현재 우리 기술로 신경세포 1

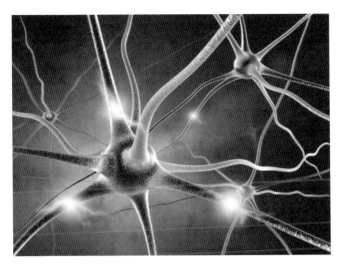

인간의 뇌에는 1,000억 개가 넘는 신경세포(뉴런)가 존재한다. 사진은 뉴런을 표현한 이미지.

개의 지도를 그리는 데 1~2주일이면 충분하다. 김진현 KIST 기능커넥토믹스연구단장은 "향후 분자적 수준에서의 연구가 추가로 이어지면 뇌가 기억을 어떻게 저장하는지 알아낼 수 있을 것"이라고 말했다.

인간의 뇌를 직접 연구할 수 있는 장비가 마땅치 않은 것도 연구의 어려운 점이다. 1990년대 초반 인간이 생각이나 행동을 할 때 뇌의 어떤 부위가 활성화되는지를 알아낼 수 있는 기능적자기공명영상장치(fMRI)가 발명된 뒤 뇌 연구는 봇물 터지듯 진행됐다. 임창완 한양대 전기생체공학부 교수는 "fMRI가 발명된 이후 20년 동안 알아낸 것이 과거 100년 동안 과학자들이 연구했던 것보다 많다"고 설명했다.

만약 인간의 뇌지도가 완성된다면 어떤 일이 일어날 수 있을까. 먼저 기억의 비밀을 풀 수 있다. 현재 인간은 기억이 뇌의 해마 부위에 저장된다는 것은 알고 있지만 어떻게 기억이 저장되고 이를 끄집어낼 수 있는지 알지 못한다. 뇌지도가 완성돼 이 비밀이 파헤쳐진다면 특정한 기억을 지우는 일이 가능해질지 모른다.

이미 쥐의 뇌에서 공포의 기억을 지우는 연구가 성공했다. SF 영화에서나 볼 수 있는 '경험을 넣는 일'도 가능하다. 임창환 교수는 "인공해마를 만들어 마치 외장하드처럼 기억을 다른 곳에 보관했다가 다시 뇌 속에 넣는 일도 가능해질 것이다. 뇌지도가 완성됐을 경우 인간의 상상력은 현실이 될 수 있다"고 기대했다. 식물인간의 뇌에서 발생하는 뇌파를 분석해 그의 생각을 읽어 낼 수도 있다. 이를 로봇과 연결하면 자유자재로 움직이며 생활하는 것이 가능해진다. 생각만으로 타자를 치거나 집 안의 전등을 켜고 끄는 것도 불가능한 일이 아니다.

뇌지도가 사회 전반에 미칠 파급력은 엄청날 것으로 예상된다. 의료, 제약뿐 아니라 로봇과도 연계가 가능하며 인간의 뇌를 모방한 인공지능 연구에도 적용될 수 있다. 미국이 브레인 이니셔티브를 가동하며 10년간 3조 5,000억 원을 투자하는 이유도, EU에서 독일과 영국 등에 위치한 우수 연구기관을 끌어모아 '인간 뇌 프로젝트'를 시작하며 1조 5,000억 원을 쏟아붓는 것도 미래에

벌어질 뇌 연구를 선점하기 위해서다.

우리나라도 '2차 뇌 연구 촉진 기본계획(2013~2017)'을 통해 뇌 연구에 시동을 걸고 있다. 하지만 "뇌 연구로 유명한 미국 피츠버그대에서 뇌를 연구하고 있는 인력이 국내에서 뇌를 연구하는 모든 과학자를 합친 것보다 많다"는 이야기에서 알 수 있듯이 예산과 인력 등 규모 면에서 미국과 유럽을 따라가기는 벅찬 상황이다. 재원과 연구 기기 등이 넉넉하지 않다 보니 실험실 수준에서 할 수 있는 분자신경생물학, 행동신경과학 쪽에 치우쳐 있다. 최근 뇌연구원은 픽셀 하나당 10㎚_{나노미터, 1㎚는 10억 분의 1m}에 해당하는 전자현미경을 통해 세포 하나하나가 연결된 뇌지도를 그리는 작업에 착수했다. 국내 최초로 진행하고 있지만 규모 면에서 해외 연구소를 따라가기는 힘들다.

김영수 KIST 기능커넥토믹스연구단 선임연구원은 "미국의 경우 2050년이 되면 치매 환자에게 들어가는 치료 비용이 연방정부의 총예산과 맞먹는다는 분석이 나온 뒤 뇌 연구에 더욱 박차를 가하고 있다. 먼 미래의 일이지만 정치·경제적인 이슈와 연결되어 있는 만큼 사전에 이를 선점하기 위한 연구개발이 시작됐다"고 말했다. 서민아 연구위원은 "최근 미국과 유럽 등에서 많은 연구소가 뇌와 관련된 연구단을 새롭게 결성하고 연구자들을 대거 채용하고 있다. 폭발적이라고 할 수 있을 만큼 투자와 인력이 몰리고 있다"고 덧붙였다.

1.4㎏에 불과하지만 우리 인체가 사용하는 산소와 포도당 소모량의 20%나 차지하는 뇌. 정신, 행동, 감정뿐 아니라 인류가 생명을 유지하는 데 필요한 모든 장기를 조절하는 '컨트롤 타워' 역할을 하고 있는 뇌를 파헤치는 것은 어쩌면 21세기 인류 앞에 놓인 가장 어려운 과제일지 모른다.

또 다른 자아,
인공지능의 미래

"기록은 깨라고 있는 거야."

"주인님, 아이언맨 슈트에 손상을 줄 수 있는 결빙 현상이 일어나고 있습니다."

영화 〈아이언맨Iron Man〉의 주인공인 토니 스타크(로버트 다우니 주니어 분)가 아이언맨 슈트를 처음 만든 뒤 이를 입고 하늘 높이 비행하자 인공지능AI, Artificial Intelligence 자비스JARVIS는 위험하다며 주인을 만류한다. 이렇듯 스타크의 곁에는 항상 든든한 조력자인 자비스가 함께한다. 자비스는 스타크를 도와 아이언맨 슈트를 수리, 개조하고 아이언맨이 악당과 맞서 싸울 때 각종 정보 등을 알려 주는 역할을 한다.

스타크의 연인이자 비서인 페퍼 포츠와 달리 자비스는 물리적 형체가 없는 소프트웨어지만 인간의 언어를 이해하고 지시사항에 맞춰 스타크를 조력하는 임무를 충실히 이행한다.

페이스북 최고경영자 마크 저커버그도 자비스의 매력에 푹 빠졌다. 저커버그는 자신의 페이스북에 "앞으로의 목표는 집을 운영하고 내 일을 도울 간단한 인공지능을 만드는 것이다. 아이언맨의 자비스가 모델"이라고 밝혔다.

영화에 등장한 자비스는 학계에서 말하는 강인공지능Strong AI, 자아를 지닌 인공지능을 갖춘 슈퍼컴퓨터다. 스스로 학습해 다음 행동까지 실행하는 능력인 '딥 러닝Deep Learning'은 빅데이터와 결합해 인간의 한계를 뛰어넘는다.

강인공지능과 대비되는 약인공지능Weak AI은 자아가 없으며 주어진 조건 아래서 결정을 내리는 인공지능을 의미한다. 사람이 아닌 기계가 수칙에 따라 건물, 시설 등의 관리와 다양한 작업을 처리하는 인공지능 체계다. 현재 인공지능 개발에서 가시적인 성과를 보이고 있는 분야다. 이성환 한국정보과학회 인공지능 소사이어티 회장(고려대 뇌공학과 교수)은 "음성인식, 안면인식 기술 등이 약인공지능에 해당한다. 구글, 네이버 등에서 제공하고 있는 번역 서비스는 언어지능, 사진과 영상 등 콘텐츠를 보고 기계가 의미를 찾아내는 것은 시각지능이다. 기계가 배울 수 있는 능력(머신러닝)을 만들어 주는 것이 학습지능이며 사람의 뇌에서 정보처리가 되는 과정을 이해하는 것이 뇌인지컴퓨팅"이라고 말했다.

"내일은 절기상 동지예요. 약간 스모그가 있을 테니 약속은 잡지 말자고요."

일반적인 기상예보 같지만 위 내용은 2015년 12월 22일 중국의 아침 생방송 뉴스쇼 '칸둥팡看東方'에 등장한 샤오빙小冰이 전달한 것이다. 17세의 귀여운 여자 목소리인 샤오빙은 마이크로소프트MS가 클라우드와 빅데이터 기술을 가지고 개발한 인공지능 소프트웨어다. 샤오빙은 어떤 기계음보다 인간의 말소리와 비슷한 언어를 구사할 수 있다.

샤오빙은 현재의 기상 상황과 예측, 빅데이터 분석을 통해 스스로 학습하는 것이 가능하기에 실시간으로 기상을 분석해 자연스러운 코멘트도 곁들일 수 있다. MS의 감성지능 기술까지 갖추고 있어 진행자와 간단한 대화도 주고받을 수 있다. 샤오빙이 첫선을 보인 날 뉴스를 진행한 앵커 보쉬쉬는 "오늘은 뉴스쇼 진행을 맡으며 심경이 복잡합니다. 설마 AI 로봇이 우리 밥그릇까지 빼앗는 건 아니겠죠"라는 자조 섞인 농담을 했다.

인공지능은 추론과 연상 학습 등 인간과 같은 지능을 가진 컴퓨터를 의미한다. 일반적인 컴퓨터는 인간의 명령에 따라 주어진 정보를 처리하지만 인공지능은 데이터의 의미를 스스로 해석해 최적의 해결책을 내놓는 것이 특징이다. 컴퓨터의 기본 이론을 제시해 '컴퓨터의 아버지'로 불리기도 하는 영국의 수학자 앨런 튜링은 1950년 인공지능을 '인간과 대화하고, 인간과 구별할 수 없는 기계'로 정의했다.

1960년대 인공지능은 미로와 퍼즐을 푸는 단순한 수준에서 출발해 1980년대 의료, 금융 등의 분야에서 일정 수준의 결정을 내릴 수 있는 데까지 진화했지만 완벽한 수준은 아니었다. 사람이 대량의 데이터를 정리한 뒤 컴퓨터에 사전 학습시켜 조건을 설정해 놓지 않는다면 답을 낼 수 없었기 때문이었다. 이때까지만 해도 컴퓨터가 스스로 학습하는 것은 불가능했다.

2000년대 들어 컴퓨터가 스스로 학습할 수 있는 길이 열리기 시작했다. 심층학습이 가능한 '딥 러닝'이 추가됐기 때문이다. 이를 통해 대량의 데이터로부터 복잡한 특징을 컴퓨터가 스스로 찾아내는 것이 가능하게 됐다. 하드웨어 데이터 보관 용량이 크게 늘어났고 연산 속도도 더욱 개선된 슈퍼컴퓨터들이 나오면서 인공지능은 한층 강력해졌다. 인공지능의 두뇌 격인 슈퍼컴퓨터는 일상생활에 많이 쓰이고 있다. 대표적인 것이 IBM의 슈퍼컴퓨터인 왓슨이다. 딥 러닝 기술을 바탕으로 한 왓슨은 의료, 금융 등의 주요 결정을 내리는 데 있어 많은 도움을 주고 있다.

LG경제연구원은 최근 인공지능 분야가 금융업계에 적용되면서 로봇을 이용한 투자자문 서비스 등이 활발히 이뤄질 것이라고 전망했다. 실제로 호주뉴질랜드은행이나 싱가포르개발은행 등은 IBM의 왓슨을 활용하고 있다. 장재현 LG경제연구원 연구위원은 "인공지능 기술을 활용해 금융사는 수천 개에 달하는 기업들의

브레인코(BrainCo)가 개발한 '생각으로 조종하는 의수'.

금융 정보를 저렴한 가격으로 빠르게 고객사에 제공해 줄 수 있다. 표준화된 데이터를 활용해 보고서를 자동으로 만들기에 적용 범위에 한계가 있지만 자연어, 이미지 등 비정형 데이터까지 분석할 수 있는 기술이 개발된다면 분석의 질적 수준이 크게 향상될 수 있다"고 말했다.

특히 왓슨은 의학 부문에서 큰 역할을 하고 있다. 기존 수술 사례, 예후 등의 정보를 빅데이터로 만든 뒤 이를 검색해 의사들이 폐암 진단, 백혈병 치료법 제안 등을 할 때 최적의 결정을 내릴 수 있도록 돕는 역할이다.

한국의 인공지능 수준은 선진국에 비해선 아직 부족한 상황이다. 자율주행차, 로봇, 사물인터넷IoT 등이 성공하려면 기반이 되는 '두뇌'인 인공지능 기술이 중요하다. 문제는 연구개발R&D이 미약한 수준에 그친다는 점이다. 자체적으로 뛰어든 업체나 연구기관은 적고 인력과 예산도 부족하다. 미래창조과학부와 정보통신기술진흥센터IITP가 2015년 12월 국내 인공지능 R&D 실태를 조사한 결과 2016년 IITP 과제에 참여한 119개 연구소·대학 소속 연구팀과 업체 중 인공지능 R&D를 하고 있는 곳은 겨우 39곳에 불과했다.

연구는 장기적이기보다 단기적 성과나 시장 수요가 많은 쪽으로 치중돼 있었다. 음성인식, 자연어 처리 등 언어인지와 사진, 동영상 속 대상과 행동을 파악하는 시각인지 등 분야는 구글이나 페이스북 등 주요 IT기업들이 제품들을 만들어 내면서 시장이 형성돼 있다. 반면 인지컴퓨팅, 슈퍼컴퓨터 등 장기 연구가 필요한 부분에 도전하는 경우는 별로 없었다.

2013년 10년 과제로 선정돼 연구비 1,070억 원이 투입된 엑소브레인이나 229개 기업·공공기관이 협업해 2015년 시작한 딥 뷰Deep View, 2016년 11월부터 2020년까지 진행되는 슈퍼컴퓨터 원천기술 R&D 등 미래부가 중심이 된 장기 대형 프로젝트들은 최근에서야 시작됐다. 전문가들은 인공지능 분야에서의 연구가 점점 탄력을 받고 있지만 기초 작동 원리인 알고리즘 개발보다는 당장 응용이 가능하거나 상업화가 쉬운 쪽에 집중되는 경향이 있다고 지적했다.

출발이 늦은 국내 기업과 달리 해외 경쟁기업들은 저 멀리 앞서 있다. IBM은 2011년 이미 자연어 소통이 가능한 슈퍼컴퓨터 왓슨을 만들었고 구글은 스마트폰 카메라로 찍기만 해도 세계 90개 언어로 번역해 주는 번역기를 선보였다. 중국 바이두도 2013년 미국 캘리포니아에 심층학습연구소IDL를 세우고 인공지능 개발에 박차를 가하고 있다. 특히 미국의 경우 산학연 협력체를 구성해 연구에 매진하고 있다. 스탠퍼드대는 아우디, 카네기멜론대는 포드와 손잡고 연구소를 만들어 인공지능 기술과 인력을 육성하고 있다. 매사추세츠공과대학MIT 연구소는 자동 로봇 청소기와 사족 보행 로봇 스타트업을 육성해 내기도 했다.

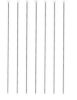

인류의 새로운 친구
휴머노이드

휴머노이드Humanoid는 인간의 신체와 유사한 모습을 갖춘 로봇을 의미한다. 인간의 행동을 가장 잘 모방할 수 있는 로봇으로 인간형 로봇이라고도 한다.

두 발로 걷는 최초의 휴머노이드는 1973년 일본 와세다대 가토 이치로 교수 연구팀이 개발한 '와봇 1WABOT-1'이다. 두 발로 걸을 순 있었지만 겨우 몇 걸음을 뗄 뿐이었고 사람의 질문도 미리 입력된 내용에서만 답변이 가능했다. 오르간 연주용으로 1984년 개발된 후속모델 '와봇 2'는 악보를 읽고 페달을 밟으며 건반을 칠 수 있었다.

휴머노이드는 1996년 일본의 혼다가 발표한 키 180㎝, 무게 210㎏의 'P-2' 이후 획기적으로 발전한다. P-2는 기존 휴머노이드와 달리 층계를 오르내리는 것이 가능했고 옆걸음, 곡선보행 등

일본 혼다가 개발한 휴머노이드 '아시모'의 모습. 걷고 뛸 뿐만 아니라 춤추는 것도 가능하다.

한층 부드럽게 움직일 수 있었다. 혼다는 후속모델인 'P-3'를 거쳐 마침내 일본의 대표 휴머노이드인 '아시모ASIMO'를 선보였다. 키 120㎝, 무게 50㎏의 아시모는 30개 정도의 호출 신호를 알아듣고 반응할 수 있었다. 사람의 얼굴과 음성도 인식했다. 다음 단계의 움직임을 미리 예측해 보행을 제어하는 기술도 적용돼 평지와 경사면에서 시속 3㎞ 정도(성인의 평균 보행 속도는 시속 5㎞)로 걸을 수 있었다.

로봇 강국인 일본에서 최근 급부상한 업체는 소프트뱅크다. 소프트뱅크는 로봇사업을 위해 2012년 프랑스의 로봇 개발회사 알데바란을 1억 달러(약 1,200억 원)에 인수했다. 알데바란은 일본

일본 소프트뱅크가 개발한 '페퍼'. 사람과 의사소통이 가능할 뿐만 아니라 감정도 읽어 낼 수 있다.

에서 선풍적인 인기를 끌고 있는 '페퍼'를 만든 기업이다.

소프트뱅크는 2015년 6월부터 감정 인식 로봇인 페퍼를 일반인을 대상으로 판매하고 있다. 매달 1,000대 정도의 페퍼를 생산하여 매진 행렬을 이어가는 중이다. 2015년 약 1만 대 정도가 팔렸고, 가격은 19만 8,000엔(약 200만 원)으로 제조비용보다는 낮게 결정됐다. 일견 밑지는 사업으로 볼 수 있지만 고도의 계산이 깔린 전략이다. 소프트뱅크는 단기간 내 페퍼 보급을 늘린 후 이용요금과 애플리케이션 판매를 통해 수익을 낸다는 구상을 세웠다.

페퍼는 카메라와 마이크로폰을 이용해 사람의 몸짓과 목소리를 읽어 감정을 인식하고 대화할 수 있다. 머리와 손에는 터치센서가 달려 있어 사람과의 접촉도 즐긴다. 크리스마스가 다가오면 캐럴을 불러주고 춤도 춘다. 페퍼는 개인이 구매하는 경우도 있지만 은행, 음식점, 요양시설 등 서비스·의료 분야에서 수요가 많다.

소프트뱅크는 알데바란 인수에 이어 중국 전자상거래업체 알리바바, 아이폰 제조업체인 대만 폭스콘과 함께 소프트뱅크 로보

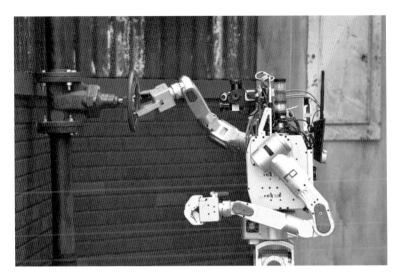

KAIST가 개발한 휴머노이드 '휴보'가 '로봇공학챌린지'에 참가해 밸브를 돌리는 동작을 선보이고 있다.

틱스 홀딩스라는 조인트벤처를 설립했다. 미국 IBM과도 제휴를 맺었다. 휴머노이드도 인간과 비슷한 기능을 하려면 똑똑한 두뇌가 필수적인데 소프트뱅크는 IBM의 슈퍼컴퓨터인 '왓슨'을 사용하는 방안을 추진 중이다. 예상치 못한 질문엔 아직 답을 내놓지 못하는 페퍼의 기능을 한 단계 더 업그레이드하기 위해서다.

　일본에 아시모가 있다면 한국을 대표하는 휴머노이드로는 '휴보HUBO'가 있다. 2004년 한국과학기술원KAIST 오준호 교수 연구팀이 개발했다. 키 120㎝, 몸무게 55㎏이며 시속 1.25㎞로 걸을 수 있다. 외부의 소리와 사물을 인지해 장애물을 피하고, 가위바위보를 할 수 있을 정도로 다섯 손가락의 사용이 자유롭다. 가벼운

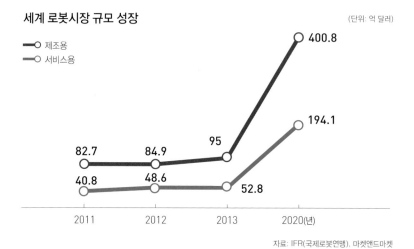

세계 로봇시장 규모 성장　　　　　　　　(단위: 억 달러)

━○ 제조용
━○ 서비스용

400.8

194.1

95

82.7　　84.9

40.8　　48.6　　　52.8

2011　　2012　　2013　　2020(년)

자료: IFR(국제로봇연맹), 마켓앤드마켓

춤도 출 수 있다. 오준호 교수 연구팀은 2005년 물리학자 알베르트 아인슈타인의 얼굴을 한 '알버트 휴보'를 공개하기도 했다. 문제는 인력과 연구예산이 미국, 일본의 10분의 1 수준이라는 점이다.

휴머노이드를 포함한 로봇시장을 선점하려는 각국의 경쟁은 치열하다. 저출산·고령화로 인한 노동력 부족의 대안이 될 수 있는 등 그 잠재성이 크기 때문이다. 보스턴컨설팅그룹BCG은 로봇시장이 2020년 429억 달러(약 51조 4,000억 원)에서 2025년 669억 달러(약 80조 1,000억 원)까지 성장할 것으로 예측했다.

2011년 버락 오바마 미국 대통령은 제조업 부흥에 로봇을 적극 활용하겠다는 '첨단 제조 파트너십AMP' 계획을 발표했다. 일본은 2014년 9월 총리 직속 기구인 '로봇 혁명 실현 회의'를 설치하고 로봇 신전략 5개년 계획을 발표했다. 2020년까지 로봇 비중은 제조 분야에서 지금의 2배, 서비스 분야에선 20배 확대를 목표로 한다.

중국도 뒤질세라 박차를 가하고 있다. 시진핑 중국 국가주석은 2014년 6월 "로봇 기술은 제조업만이 아니라 국가의 경쟁력이다. 향후 중국이 세계 1위 로봇 강국, 최대의 로봇 국가로 올라설 것"이라고 밝혔다. 중국은 2020년까지 세계 로봇시장 점유율 45%, 200조 원 규모의 신시장 창출이라는 대담한 목표를 세우고 국가적으로 로봇산업을 밀고 있다.

아쉽게도 한국은 선진국과 달리 국가 차원에서 로봇 개발을 주도할 컨트롤타워가 아직 없다. 미국, 일본, 중국 등 주요 국가들은 대통령이나 총리실 주도하에 로봇산업 육성이 이뤄지지만 우리나라는 부처 간 연계사업을 위한 추진력이 상대적으로 약하다는 지적이 나왔다. 범부처협의체인 로봇산업 정책협의회는 산업부 1차관이 의장을 맡고 있다. 로봇산업 육성은 산업부 소관 과제로 분류돼 있지만 다른 부처가 각자의 예산을 사용한다. 사업 추진을 적극적으로 할 만한 동기 부여가 이뤄지지 못하고 있다.

인공지능 로봇인 '뽀로로봇'을 개발 중인 장병탁 서울대 컴퓨터공학부 교수는 "현재 인공지능 연구는 사람의 뇌 신경망을 닮은 인공신경망을 이용해 경험을 바탕으로 학습해 나가는 머신러닝"

이라고 말했다. 뽀로로봇은 아이와 함께 애니메이션을 보면서 질문하고 감상을 나누는 등 대화가 가능하다. 영어로 대화할 수 있어 외국어 교육에도 활용할 수 있다. 로봇은 〈뽀로로〉 애니메이션을 수백 편 보면서 스스로 줄거리를 학습하고 캐릭터 특성을 이해할 수 있다.

이 외에도 장 교수는 '홈 로봇' 개발에 공을 들이고 있다. 워킹맘을 대신해 아이들을 깨우고 시간표를 파악해 준비물을 챙겨 주는 역할을 하게 만들 계획이다.

그는 사람보다 뛰어난 초인지능이 아니라 사람을 닮은 지능을 만들기 위해 연구를 진행하고 있다. 휴머노이드는 궁극적으로 인간의 지능·행동·감각·상호작용 등을 모방해 인간을 대신하거나 인간과 협력해 다양한 서비스를 제공하는 것을 목표로 한다. 장 교수는 "사람에게 서비스하는 일을 하려면 결국 인간의 마음, 감정, 취향을 읽어야 한다. 누가 가르쳐 주지 않아도 인공지능 로봇이 스스로 정보를 읽고 활용하게 만들려고 한다"고 말했다.

휴머노이드 등 인공지능을 갖춘 로봇이 일상화되면 우리 삶에는 많은 변화가 발생할 것으로 보인다. 일본 노무라종합연구소와 영국 옥스퍼드대 공동연구팀의 조사에 따르면 일본 노동인구의 절반 정도가 향후 10~20년 후 로봇으로 대체될 수 있다. 일반 사무직, 택시 운전자, 마트 계산원, 경비원, 빌딩 및 호텔 청소부 등이 로봇으로 대체될 가능성이 높은 직업으로 조사됐다. 천영준

연세대 기술경영연구센터 책임연구원은 "정부는 로봇산업에 관한 진흥책을 많이 내놓고 있지만 로봇화 이후의 노동 정책에 대한 고민은 찾아보기 어렵다. 로봇이 할 수 있는 일과 할 수 없는 일을 구분해 로봇산업 정책과 함께 로봇 노동 정책에 대해 고민해 봐야 한다"고 말했다.

미래를 예측한다, 양자컴퓨터 시대

상자 안에 고양이가 있다. 한 시간 뒤 방사능을 분출할 확률이 50%인 '라듐'과 함께 방사능을 감지하면 청산가리가 담긴 통이 깨지도록 고안한 장치도 함께 놓여 있다. 한 시간 뒤, 고양이는 살았을까 죽었을까. 양자역학에서는 이를 '고양이가 죽었을 수도 있고, 살았을 수도 있다'고 표현한다. 현실에서는 고양이가 죽어 있거나, 혹은 살아 있다고 말할 수 있지만 원자 크기의 미시 세계를 다루는 양자역학에는 이처럼 불확실성이 존재한다. 그 유명한 사고실험인 '슈뢰딩거의 고양이'다. 아인슈타인은 이를 두고 "신은 주사위를 던지지 않는다"며 반대했다.

2015년 12월 구글과 미국항공우주국NASA은 이 같은 불확정성의 원리를 이용한 컴퓨터 'D웨이브2X'를 공개했다. 바로 '양자컴퓨터'에 대한 이야기다. 구글과 NASA는 D웨이브2X에 대해 "기존 컴퓨터가 1만 년 동안 수행해야 하는 작업을 단 1초 만에 해결할 수 있다. 1억 배 빠른 신개념 컴퓨터"라고 소개했다. 아직 제한된 연산만 가능하지만 이 정도 능력이면 항공 교통관제처럼 복잡하게 얽혀 있는 데이터를 정교하게 분석할 수 있다.

양자컴퓨터에 대한 도전은 이미 전 세계적으로 시작됐다. 알리바바그룹 클라우드 컴퓨팅 자회사인 알리윤은 중국과학원과 함께 'CAS·알리바바 양자컴퓨터연구소'를 설립한다는 계획이다. 중국 통신장비기업 화웨이도 2015년 9월 독일 뮌헨에 양자암호연구소를 설립했다.

양자역학을 이용한 컴퓨터가 태동기에 접어들었다. 아직 일반인이 쓸 수 있는 모델은 개발되지 않았다. 많은 연구와 비용이 필요하지만, 성공할지 실패할지 상자를 열어 보기 전까지 누구도 알 수 없다. 기업과 정부가 이처럼 불확실한 양자컴퓨터에 관심을 갖는 이유는 기존 컴퓨터로는 불가능했던 일들이 가능해지기 때문이다.

세계적인 물리학자 리처드 파인만은 1982년 자신의 논문을 통해 양자컴퓨터를 처음 이론석으로 제시했다. 기존 컴퓨터가 '0'과 '1'이라는 두 가지 숫자(비트)를 사용해 연산한다면 양자컴퓨터는 0과 1 이외에, 양자역학에서 나타나는 '중첩현상'까지 이용한다. 즉 0과 1 사이에 연산이 가능한 무수히 많은 비트가 존재할 수 있다는 것이다. 이를 '큐비트'라고 한다. 슈뢰딩거의 고양이가 보여

준 불확정성 원리를 역이용한 셈이다. 김용호 한국과학기술연구원KIST 나노양자정보연구센터 선임연구원은 "기존 컴퓨터는 물론 슈퍼컴퓨터보다도 빠르고 정확한 계산이 가능한 것이 바로 양자컴퓨터"라고 설명했다.

이를 현실에서 구현해 내는 것은 현재 기술로 어려운 일이다. 구글과 NASA가 개발한 양자컴퓨터도 정확히 이야기하면 '양자시뮬레이터'로 보는 시각이 많다. 양자컴퓨터로 가기 위한 전 단계의 장치다.

향후 10년 이내에 실현될지도 불확실한 상황이지만 양자컴퓨터에 대한 각국의 연구 열기는 뜨겁다. 미래기술을 선점하기 위해서다. 미국은 2008년 국가양자정보과학비전을 수립하고 연 1조 원을 투자하고 있다. 중국은 2012년 양자 및 나노기술에 5년간 2,900억 원을 투자한다고 발표했다. 최근에는 네덜란드가 2018년까지 10억 유로(약 1조 3,000억 원) 투자 계획을 밝혔다. 영국은 2020년까지 20큐비트를 조절할 수 있는 양자컴퓨터를 만들어 상용화 기술까지 확보한다는 계획이다. 캐나다는 2000년부터 워털루 지역에 '양자밸리'를 구축하고 8,000억 원 가까이 투자해 왔다.

양자컴퓨터 개발은 18개월마다 메모리 크기가 2배씩 커진다는 '무어의 법칙'이 한계에 다다른 지금, 점점 늘어나는 데이터 처리를 위한 유일한 대안으로 꼽히고 있다. 양자컴퓨터가 상용화되면

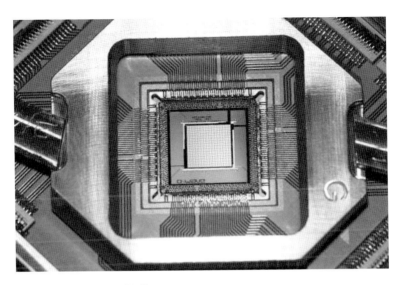

최초의 양자컴퓨터 'D웨이브2X'의 칩.

슈퍼컴퓨터로도 처리할 수 없었던 많은 빅데이터 계산이 가능해
진다. 기상현상에 대한 예측은 물론 DNA를 비롯한 인간 신경망
분석, 광대한 우주 분석까지 가능하다. 자율주행차가 도로를 마
음대로 누비려면 충돌을 막기 위한 차량 간 간격은 물론 교통 시
스템을 분석할 수 있는 컴퓨터가 필요하다. 기존 컴퓨터로 이를
해결하는 것은 불가능에 가깝다. 구글이 자율주행차를 개발하면
서 양자컴퓨터에 관심을 갖는 이유이기도 하다.

　양자컴퓨터는 인터넷상의 암호 체계를 송두리째 바꿔 버릴 수
있다. 현재 온라인상에서 사용하는 암호는 대부분 복잡한 소인수
분해를 활용한다. 아무리 복잡한 수식이 있더라도 오래 걸릴 뿐,

풀어내는 것은 가능하다. 가령 소수 197과 199의 곱은 3만 9,203 이지만, 3만 9,203이 어떤 소수의 곱인지를 알아내는 것은 많은 계산이 필요하다. 온라인상의 메신저에 보편적으로 사용되는 암호화 방식은 이 같은 원리를 활용한다. 하지만 양자컴퓨터를 활용하면 이런 암호 체계는 쉽게 무너질 수 있다. 300자리 정수를 소인수분해하는 데 슈퍼컴퓨터로 1년 걸리는 일을 양자컴퓨터를 활용하면 이론적으로 30분이면 해낼 수 있다. 지난 2014년 미국 국가안보국NSA이 "인터넷 보안용 암호화 방법을 깰 수 있는 기술을 개발하고 있다"고 발표했을 때도 양자컴퓨터를 언급했다.

또한 '불확정한' 큐비트를 암호 기술에 적용하게 되면 그 누구도 풀지 못하는 암호 체계를 구현하는 것이 가능해진다. 양자컴퓨터 상용화라는 전제가 있어야 하지만 인간이 사용하고 있는 모든 컴퓨터가 양자컴퓨터가 된다면 '절대적인' 개인정보 보호가 가능해진다는 얘기다.

양자컴퓨터로 인해 기대되는 또 다른 미래는 바로 인공지능의 구현이다. 인공지능이 갖고 있는 사고 체계를 설계할 수 있다 하더라도 인간의 뇌처럼 많은 데이터를 받아들이고 이를 종합적으로 판단하는 것은 슈퍼컴퓨터도 할 수 없는 일이다.

현재 양자컴퓨터의 큐비트를 구현하고 조절하기 위한 연구가 다각도로 진행되고 있다. 대표적인 것이 바로 '이온트랩'과 '초전도체', 그리고 '스핀트로닉스'다. 이온트랩은 이온의 에너지가 '들

뜬 상태'를 '1'로 표현하고, '안정한 상태'를 '0'으로 활용한다. SK 텔레콤이 이온트랩 방식으로 양자컴퓨터를 개발하고 있고, 이미 이온을 오랫동안 유지하는 기술까지 확보했다. 현재 전 세계에서 가장 많은 연구가 이뤄지고 있는 분야다.

후발주자인 초전도체 역시 빠른 기술 개발이 이뤄지고 있다. 영하 273도에서 저항이 사라지는 초전도 현상을 이용하는 것으로 2개의 초전도체 사이에 흐르는 전자가 정보를 전달할 수 있다. 구글과 NASA가 개발한 D웨이브2X가 바로 초전도 방식을 활용한 것으로 영하 270도를 유지할 수 있는 시설이 필요하다.

스핀트로닉스는 전자가 갖고 있는 방향성을 제어하는 기술이다. 현재 스핀트로닉스 기술로 제어할 수 있는 큐비트의 개수는 2개다. 이온트랩이나 초전도체와 비교했을 때 한계가 존재한다는 지적도 있지만 많은 연구가 이뤄진 만큼 큐비트를 제어하는 기술은 탁월하다는 평가를 받는다.

우리 정부도 지난 2014년 '양자정보통신 중장기 추진전략'을 통해 2020년까지 산학연 공동 연구개발로 단기 상용화가 가능한 유선통신 기반 양자암호통신 기술의 고도화를 추진하고, 양자 핵심 소자·부품 개발을 해 나가기로 했다. KIST와 한국전자통신연구원ETRI 등의 국책연구소는 물론 SK텔레콤도 ICT 기술원에서 양자컴퓨터 개발에 나서고 있다. 앞서 언급한 양자컴퓨터의 3가지 기술도 이미 한국에서는 높은 수준을 확보하고 있다.

신의 영역에 도전하는
합성생물학

현실화하고 있는 화석연료 고갈에 대해 과학계는 합성생물학에서 답을 찾고 있다. 연료를 생산하는 능력을 갖춘 GM세균이 대표적이다. 과학자들은 장내 세균인 대장균 유전자를 변형해 디젤과 유사한 탄화수소 혼합물을 만들어 내는 데 성공하기도 했다.

미국 샌프란시스코에 위치한 생명공학기업인 LS9은 자연적으로 미량의 연료를 만들어 낼 수 있는 청녹조류의 유전자를 이용해 이들 세균을 자그마한 연료공장들로 변형하는 데 성공했다. 연구팀은 이들 유전자를 대장균에 도입한 뒤 추가적으로 유전자 변형을 가해 원래의 청녹조류보다 연료를 100배 이상 더 생산해 낼 수 있도록 만들었다. 연구 성과는 〈사이언스〉지에 발표됐다. 국립재생에너지연구소의 토마스 파우스트 박사는 "상업적 성공

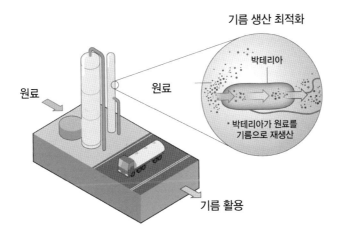

기름 생산 최적화

원료

원료

박테리아

박테리아가 원료를
기름으로 재생산

기름 활용

합성생물학을 사용해 미생물로부터 연료를 추출해 내고 있는 공장의 모식도.

을 위해선 연구가 좀 더 필요하지만 합성생물학을 연구하는 학자
들 사이에선 성공을 확신하고 있다"고 밝혔다.

캘리포니아에 위치한 아미리스사는 GM효모를 이용해 당분을
디젤 대체물로 활용되는 파네센이라는 물질로 전환하는 데 성공
했다. 이 기업은 말라리아 치료제로 이용되는 아르테미신을 대량
생산하는 GM효모를 이용해 디젤 대용물을 만드는 방법을 개발
해 합성생물학 시장에 뛰어들었다. 아미리스사는 합성생물학을
이용해 말라리아 약물을 생산하는 GM효모의 대사 시스템에 변
형을 가하는 방법을 활용했다. 아미리스사는 2008년 사탕수수가
많고 저렴한 브라질에 공장을 열었으며 상파울루에서 버스 연료
를 테스트하고 있다.

지난 2014년 김경헌·최인걸 고려대 생명공학과 교수 연구팀은 우뭇가사리와 같은 홍조류에서 바이오연료를 생산할 수 있는 가능성을 발견해 주목을 받았다. 발효 효소를 가진 대장균을 활용해 홍조류에서 에탄올을 대량 생산할 수 있는 방법이다. 해양수산부에 따르면 우리나라에는 50만 ㏊1㏊는 1만 ㎡의 해조류 양식장에서 조류를 생산하는데 이를 바이오연료로 전환하면 국내 자동차 휘발유 소비량의 31%를 대체할 수 있는 양이다.

합성생물학Synthetic Biology은 새로운 기능을 가진 생명체를 인공 합성하는 학문이다. 인공생물학 혹은 인조생물학이라고 말하기도 한다. 생물학, 분자생물학 등 생명과학과 전기, 전자, 컴퓨터 등의 기술과학을 결합해 탄생한 새로운 과학 분야다. 매사추세츠공과대학MIT, 캘리포니아대 버클리캠퍼스, 프린스턴대 등 미국의 일부 대학교에서 연구가 시작됐으며 한국, 유럽, 일본 등에서도 연구가 진행되고 있다.

인구 증가, 자원 고갈, 기후 변화 등으로 발생하는 문제들을 해결하기 위해 새로운 의약품 개발과 에너지 생산 등에 관한 많은 연구가 이뤄지고 있지만 기존 생명체 연구로는 한계가 있다. 이를 해결해 줄 것으로 기대되는 것이 합성생물학이다. 인간이 원하는 목적에 맞는 연구를 할 수 있기 때문이다. 2015년 12월 〈뉴스위크〉는 "합성생물학이 세상을 구할 것"이라고 밝혔고 〈허핑턴포스트〉는 "합성생물학자들은 미래를 만드는 공학자들"이라고 평가하기도 했다.

합성생물학의 역사는 15~20년 정도로 짧지만 실험실에 머물던 생물학 연구에 경제적 가치를 부여할 수 있는 막강한 위력을 가지고 있다. 미국, 영국 등 선진국들이 앞다퉈 합성생물학 연구에 뛰어든 것도 이 같은 이유에서다. 과학자들은 합성생물학 연구를 통해 항생제에도 죽지 않는 다제내성균 극복의 길을 열고 공기 중 탄소를 포집할 수 있는 기술도 만들어 낼 수 있을 것으로 기대하고 있다.

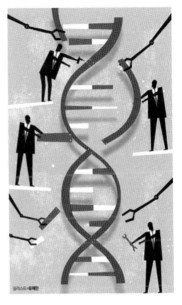

합성생물학은 생물의 DNA를 조작해 인류에게 필요한 자원을 만들어 낼 수 있다.

장기이식 분야에서도 합성생물학이 적용되고 있다. 미국 보건당국에 따르면 매일같이 20명의 사람들이 장기이식을 기다리다 숨진다는 통계가 있을 정도로 장기이식에선 수요와 공급의 비대칭이 큰 문제가 되고 있다. 장기이식 문제의 해결책으로 등장한 것이 사람과 유사한 돼지의 장기를 이용하는 것이다. 과학자들은 유전자 코드를 변형한 돼지의 세포 조직이 사람에게서 거부반응이 나타나지 않도록 만드는 연구를 진행하고 있으며 이 연구엔 합성생물학이 사용된다. 과학자들은 향후 10년 내 성과를 낼 수 있을 것으로 기대하고 있다.

합성생물학의 중요성이 커지는 또 다른 분야는 항생제내성균과의 싸움이다. 항생제에도 죽지 않는 다제내성균으로 인해 매년 약 70만 명이 목숨을 잃고 있다. 과학자들은 합성생물학이 이 문제를 해결해 줄 것이라고 기대하고 있다. 더욱 강력한 새로운 항생제를 개발하면 문제가 해결될 것이라고 생각하기 쉽지만 이는 근본적인 해결책이 되지 않는다. 항생제에서 살아남은 기존 다제내성균들이 새로운 항생제에 대한 내성을 가진 쪽으로 진화하기 때문이다.

합성생물학을 연구하는 과학자들은 새로운 프로바이오틱스를 만들어 내기 위한 연구를 진행하고 있다. 이를 통해 항생제 내성 유전자들을 제거해 주면 새로운 항생제 없이도 바이러스와의 싸움에서 유리한 고지를 점할 수 있기 때문이다.

합성생물학에서 비약적 발전이 이뤄질 수 있었던 것은 기술의 도움이 컸다. DNA를 분석해 낼 수 있는 분자현미경 등의 도구와 유전 정보를 분석해 낼 수 있는 슈퍼컴퓨터 등의 활약으로 상상에 머물던 합성생물학의 여러 연구 성과들이 실제 현실이 될 수 있었다.

2013년 19억 달러(약 2조 3,000억 원)에 달했던 전 세계 합성생물학 시장의 규모는 2018년 56억 달러(약 6조 7,000억 원)에 달할 것으로 추산된다.

합성생물학의 강자는 미국이다. 세계 최초로 인공염기인 X, Y 를 포함한 대장균을 만들고 복제를 통해 인공염기가 한 세대만이 아니라 대를 이어서 유전된다는 사실도 밝혀냈다. 기초 분야와 더불어 이를 산업계에 활용할 수 있는 응용연구 분야에서도 미국 은 선두를 달리고 있다. 미국 예일대와 하버드대 연구팀은 인공 아미노산을 활용해 유전자 변형 미생물을 만들어 냈다. 미국방위 고등계획국DARPA은 최근 바이오테크놀로지 연구소의 문을 열었 다. 연간 예산만 3억 달러(약 3,600억 원)에 달한다. DARPA는 '생 물은 기술Biology is Technology'이라는 표어를 내걸고 새로운 물질 개발 에서부터 전염병 대처 방법까지 다양한 분야에서 과학자들의 합 성생물학 연구를 장려하고 있다.

합성생물학 분야의 세계적 석학이자 일본의 합성생물학 연구 를 이끌고 있는 요코하마 이화학연구소의 히라오 이치로 박사는 〈매일경제〉와 인터뷰하면서 "합성생물학은 DNA의 이중나선구 조 규명에 맞먹는 성과다. DNA를 구성하는 아데닌A, 티민T, 구아 닌G, 시토신C 외에 인공염기를 추가하게 되면 질병에 훨씬 더 강 하거나 척박한 환경에서도 살아남을 수 있는 작물을 만들어 낼 수 있다"고 말했다. 그는 "화학적으로 합성이 가능한 DNA는 항 체에 비해 항원과의 결합이 떨어지는데 합성생물학을 이용하면 이 결합력을 100배 이상 높일 수 있다. 암 등의 표적치료에 활용 할 수 있어 의약 발전에 큰 도움이 될 것"이라고 전망했다.

산업계의 파급 효과를 인식한 각국 정부의 투자도 이어지고 있다. 영국도 정부가 주도적으로 팔을 걷어붙이고 나섰다. 영국은 2014년부터 2년간 합성생물학 분야에 700억 원을 쏟아부어 5개 센터를 건립했다. 영국생물학연구협의회BBSRC는 10가지 연구투자 분야 중 첫 번째로 합성생물학을 선정하고 2005년부터 2012년까지 1,000억 원 이상의 과제를 지원했다.

한국의 경우 고속효소탐색기술 등 합성생물학을 상용화하는 연구가 주로 이뤄지고 있다. 미국, 영국, 일본 등과 비교했을 때 규모는 작지만 미래 경쟁력 확보를 위한 연구가 이어지는 중이다. 이승구 한국생명공학연구원 바이오합성연구센터장은 "합성생물학은 인공염기A, T, G, C의 네 가지 염기 외에 인공적으로 만들어 낸 염기를 통해 새로운 생물을 만들어 내는 것뿐만 아니라 이를 활용한 다양한 응용 분야도 포함된다. 합성생물학을 산업에 연계하려는 연구가 활발하게 진행되고 있다"고 말했다.

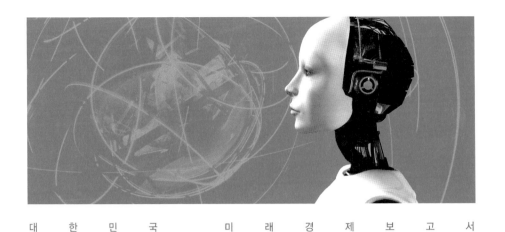

CHAPTER 03

과학기술이
가져올 밝은 미래

또 하나의 태양이 뜬다, 핵융합 기술

"제가 말한 것은 핵분열을 이용한 원자폭탄이 아닌, 태양을 모방한 핵융합 폭탄이었습니다."

2015년 테슬라의 창업자 일론 머스크는 TV 방송에 출연해 해명했다. 화성을 인간이 살 수 있는 환경으로 바꾸기 위한 방안을 이야기하던 그는 "화성의 극지방 상공에서 핵폭탄을 터트려 기온을 올리면 된다"고 이야기했다. 곧바로 "방사성 낙진으로 인한 2차 피해가 우려된다"는 비판이 쏟아졌다. 이에 머스크는 "핵융합 폭탄을 이야기한 것이다. 핵융합을 활용하면 방사능 물질이 퍼지지 않을 것"이라고 덧붙였다.

핵융합을 이용한 폭탄은 원자폭탄보다 강하다. 하지만 살상용 무기로 사용하지 않는다면 핵융합은 인류의 삶 자체를 바꿀 수 있는 기회를 제공한다. 또 하나의 '태양'을 지구에 만들겠다는 핵융합 발전에 전 세계 과학자들이 60년 동안 매달려 왔던 이유다.

국내 기초과학자, 공학자들은 50년 뒤라면 핵융합 발전소가 상용화돼 인류의 에너지 문제를 해결해 줄 수 있을 것으로 내다봤다. 지난 50년간 지구에 인공태양을 만들려는 인류의 노력은 국제협력을 통해 조금씩 성과를 보이고 있다. 핵융합은 인류의 미래를 어떻게 바꿀 수 있을까.

밤하늘에 보이는 별은 지구로부터 수백 광년1광년은 약 9조 5,000억 km 떨어져 있다. 1초에 지구를 일곱 바퀴 반이나 돌 수 있는 빛의 속도로 달려도 수백 년이 걸린다. 별의 반짝임을 인류가 볼 수 있는 이유는 별 표면에서 발생하는 핵융합 반응 때문이다. 박현거 울산과학기술원UNIST 물리학과 교수는 "가벼운 수소 원자핵이 융합하면서 무거운 헬륨 원자핵으로 바뀌는 것이 핵융합 반응이다. 이 과정에서 발생하는 질량 감소가 엄청난 에너지를 만들어 낸다"고 설명했다.

핵융합이 쏟아 내는 에너지의 양은 기존 연료와 비교가 안 될 정도로 많다. 핵융합연료 1g은 석유 8t에 해당하는 에너지를 만들이 낸다. 욕조 반 분량의 바닷물에서 추출할 수 있는 중수소와 노트북 배터리 하나에 들어가는 리튬(핵융합로 안에서 삼중수소로 변환)으로 한 사람이 30년간 사용할 수 있는 전기를 만들어 낼 수 있다. 원자력 발전소처럼 냉각수가 필요하지 않기 때문에 해안가에 지을 필요가 없으며 방사성 누출로 인한 위험도 적다. 오영국 국가핵융합연구소 KSTAR연구센터 부센터장은 "안전하기 때문에 도심 외곽에 지을 수 있다. 석유와 같은 화석연료를 사용하지 않고 이산화탄소 배출도 적다. 핵융합 발전소 인근에 전기가 많이 필요한 연구 단지를 지어 첨단 기술의 메카로 만들 수 있다. 연료 운송이 필요 없고 송전선을 만들지 않아도 된다"고 말했다.

핵융합 발전을 상용화하려면 태양 표면의 환경인 1억 ℃ 이상의 고온을 만들어야 한다. 이처럼 극한 상황에서 물질은 기체가 아닌 '플라스마_{고체, 액체, 기체 상태가 아닌 제4의 물질 상태, 원자핵과 전자가 분리된 형태}' 상태가 된다. 핵융합 발전의 핵심도 여기에 있다. 1억 ℃에 달하는 초고온의 플라스마를 오랫동안 안전하게 유지시키면서, 핵융합의 원료가 되는 중수소와 삼중수소를 넣어 줄 수 있는 장비가 필요하다. 이때 핵융합으로 인해 발생하는 엄청난 열에너지로 물을 끓인 뒤, 터빈을 돌리는 것이 핵융합 발전의 원리다.

핵융합의 상용화가 가까워지면서 각국은 기술을 확보하기 위한 전략을 펼치고 있다. 중국은 '중국 핵융합 실증로' 개발을 마치고 2016년부터 운영에 들어갔다. 중국과학기술대학은 매년 핵융합을 전공한 학부생 600명, 석·박사급 인력 900명 배출을 목표로 인력을 끌어들이고 있다. 일본은 2030년까지 핵융합 실증로 데모를 만들기 위해 '일본 핵융합 연구 로드맵'을 수립하고 체계적인 지원을 시작했다.

핵융합 발전을 실현하는 것은 쉽지 않다. 고온의 플라스마를

프랑스에 건설되고 있는 ITER의 모습. 2019년 ITER가 완공되면 인류는 핵융합 상용화에 한 걸음 더 다가서게 된다.

오랜 시간 동안 유지하는 기술이 상당히 어렵기 때문이다. 결국 전 세계 과학자들은 핵융합 상용화를 위해 협력에 나섰다. 1985년 11월 옛 소련(러시아)의 미하일 고르바초프 전 서기장과 로널드 레이건 전 미국 대통령의 정상회담에서 소련, EU, 미국, 일본 등이 공동으로 참여해 평화적 이용 목적의 핵융합 에너지를 개발하는 '국제공동연구 프로젝트'를 추진하자고 합의했다. 이후 국제원자력기구IAEA의 후원 아래 라틴어로 '길'을 의미하는 'ITER국제핵융합실험로, International Thermonuclear Experimental Reactor' 사업이 추진됐다.

ITER는 지난 40년간 각국이 연구개발R&D을 통해 쌓아 온 핵융합 기술을 하나로 묶어 열출력 500MW(일반 원전의 6분의 1 수준)

의 핵융합 실험로를 프랑스 남부 카다라슈 지역에 건설한다는 계획이다. 2007년 건설을 시작해 2019년까지 핵융합 실험로를 완성하고 2037년까지 운영한다는 방침이다. 여기서 얻은 기술은 7개국이 공동으로 소유한다. 총 건설비는 79억 유로(약 10조 3,000억 원)로 EU가 45%를 부담하고 나머지 국가가 9%씩 담당한다.

이와 별도로 각국은 핵융합 실험로를 만들어 운영하면서 R&D에 매진하고 있다. ITER가 성공한다 하더라도 실증로를 짓는 것은 각국의 역할이기 때문이다. 오영국 부센터장은 "핵융합을 이용해 전기를 만들어 내는 부분, 극한 상황을 견디는 재료 개발 등은 ITER에 포함되어 있지 않다. 우리나라도 핵융합연구장치인 KSTAR를 만들어 핵융합 실증로에 대한 연구를 하고 있다"고 말했다.

1995년 건설을 시작해 2007년 완공된 KSTAR는 2015년 플라스마 유지 시간 55초를 달성하며 세계 최고 기록을 세웠다. 고온의 플라스마를 도넛 형태의 KSTAR 안에 가두고 벽에 닿지 않게 한 상태에서 오랜 시간 유지하는 것은 핵융합 발전의 핵심이다. 태양의 표면에 존재하는 플라스마는 태양 중력에 이끌려 빠져나가지 못하지만 지구에서는 다르다. KSTAR는 '인위적인 중력'으로 자기장을 활용한다. 이를 '토카막 방식'이라고 부른다. ITER 역시 토카막 방식으로 제작된다. 2015년 중국이 토카막 방식으로 플라스마를 400초 동안 유지했다고 발표한 적이 있지만 KSTAR

보다 출력이 낮았다. 핵융합 발전에 필요한 출력으로 플라스마를 유지할 수 있는 시간은 미국과 일본, 중국 모두 5~15초 정도에 불과하다. 오영국 부센터장은 "365일 가동을 위한 마지노선은 300초"라고 말했다.

최근에는 독일 막스플랑크연구소에서 '스텔라레이터'라는 새로운 방식이 개발돼 연구가 진행되고 있다. 초전도 자석 여러 개를 조금씩 회전시키며 도넛 모양으로 배치하면 꽈배기 모양의 자기장을 만들 수 있다. 지름은 16m지만 오차 한계 단위가 'mm'로 극도의 정밀한 제작 과정을 필요로 한다. 이 방식을 활용하면 토카막 방식과 비교했을 때 플라스마를 더 오랜 시간 가둘 수 있다. 독일 막스플랑크연구소가 10억 6000만 유로(약 1조 3,700억 원)를 들여 2015년 완공했다. 연구진은 2016년부터 가동을 시작해 플라스마 유지 300초를 달성한다는 계획이다. 만약 스텔라레이터 방식이 고출력의 플라스마를 300초 동안 가두는 데 성공한다면 핵융합 R&D의 판도가 변할 수 있다.

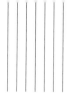

불치병이 없어진다, 유전자 가위 기술

　피가 멎지 않는 희귀병인 혈우병은 유전자 염기서열이 거꾸로 놓여 있는 돌연변이로 발생한다. 근본적인 치료를 위해서는 거꾸로 된 유전자를 정상으로 돌려야만 한다. 불가능하다고 여겼다. 하지만 '유전자 가위'라면 가능해진다. 거꾸로 된 유전자만 잘라낸 뒤 이를 원상 복귀시키면 된다. 국내 연구진이 이 방법으로 혈우병에 걸린 쥐를 치료하는 데 성공했다. 미국 샌가모바이오사이언스는 1세대 유전자 가위 기술인 '징크 핑거'를 활용해 혈우병을 유발하는 유전자 결함을 치료할 계획이다.

　현재 세계 과학계의 뜨거운 감자를 꼽으라면 단연 유전자 가위다. 〈사이언스〉와 〈네이처〉 등 저명한 국제 과학저널은 2016년 가장 기대되는 기술로 유전자 가위를 꼽았다. 톰슨로이터는 노벨화학상 후보로 유전자 가위를 개발한 과학자들을 선정하기도 했다. 하루가 멀다 할 정도로 연구 성과가 쏟아져 나왔다. 또 무분별한 연구로 인한 우려의 목소리까지 나왔다. 생명공학계의 '혁명'이라고 불리고 있는 유전자 가위. 인류는 이를 받아들일 준비가 됐을까.

유전자 가위란 A아데닌, G구아닌, C시토신, T티민 등으로 이루어진 염기 서열 중 특정 서열을 인식해 절단하는 분해효소를 말한다. 2013년 초 '크리스퍼'라고 불리는 유전자 가위가 개발되면서 유전체 교정에 혁명이 일기 시작했다. 세균은 바이러스의 침입을 받으면 그 DNA 조각을 자신의 유전체에 삽입해 둔다. 이를 크리스퍼라고 한다. 과학자들은 크리스퍼에서 작은 리보핵산RNA이 만들어지고 이것이 'Cas9'이라는 단백질과 결합한다는 사실을 알아냈다. 바이러스가 다시 침입하면 RNA가 바이러스 DNA를 찾아내 결합한 다음 Cas9이 이를 잘라 낸다.

이 원리를 이용하면 원하는 부위의 유전자 염기서열을 손쉽게 잘라 낼 수 있다. 김진수 기초과학연구원IBS 유전체교정연구단장(서울대 화학부 교수)은 "1970년 생명공학의 혁명을 일으켰던 유전자 재조합 기술이 진화한 것이다. 기존 유전자 재조합 기술은 원하는 유전자 염기서열 부위를 잘라 낼 수 있는 확률이 매우 낮은 데 반해 유전자 가위는 높은 정확도를 자랑하면서 주목을 받아 왔다"고 설명했다.

간편하게 유전자를 자르거나 대체할 수 있다는 장점 때문에 유전자 가위는 다양한 분야에서 연구가 진행되고 있다. 신약 개발 분야가 대표적이다. 혈우병, 겸상적혈구증 등 유전질환은 1만여 개가 넘는다. 대부분 완치 불가능할 뿐 아니라 대를 이어 다음 세대에 전달된다. 현재 과학자들은 유전질환을 원천적으로 차단할 수 있는 가능성을 유전자 가위에서 찾고 있다. 이미 김진수 단장과 김동욱 연세대 의대 교수 연구진은 혈우병 환자의 소변에서 세포를 채취한 뒤 줄기세포를 만들고 유전자 가위를 활용하여 돌연변이 유전자를 정상으로 교정하는 데 성공했다. 이 세포를 혈우병에 걸린 쥐에게 넣자 출혈 증상이 개선되는 것을 확인했다.

유전자 가위를 이용한 에이즈 치료제 개발도 한창이다. 미국 펜실베이니아대 연구진은 에이즈 바이러스의 감염 경로인 '혈액 세포 유전자$_{CCR5}$'에 돌연변이를 일으키는 임상시험을 진행하고 있다. 일반적으로 백인 남성의 1%는 CCR5에 돌연변이를 갖고 있어 에이즈로부터 자유롭다. 유전자 가위를 이용해 에이즈에 대한 면역성을 확보하겠다는 것이다.

유전자 가위의 가능성을 본 거대 제약사들도 발 빠르게 나서고 있다. 기술 개발 초기에 관련 특허를 미리 선점해 미래를 대비한다는 계획이다. 독일의 제약기업 바이엘은 크리스퍼 유전자 가위 기술을 확보한 스위스의 바이오벤처 '크리스퍼세라퓨틱스'와 2015년 합작법인을 설립하고 향후 5년간 3,800억 원을 투자한다고 밝혔다. 유전자 가위 기술을 활용해 혈우병과 선천성 심

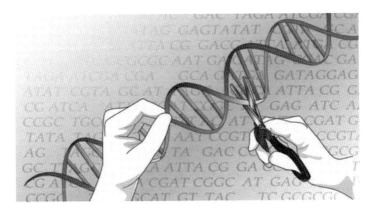

유전자 가위는 정교하게 DNA를 교정해 질병 치료, 식량생산 증대 등 다양한 분야에 활용이 가능하다.

장질환 치료제 개발에 나선다는 것이다. 스위스 제약사 노바티스도 크리스퍼 유전자 가위 기술을 개발한 '인텔리아세라퓨틱스'에 170억 원을 투자했다. 영국계 제약회사인 아스트라제네카는 2015년 초 영국과 미국의 연구소 4곳과 유전자 가위 기술을 개발한다고 발표했지만 계약 규모는 공개하지 않았다.

유전자 가위를 동식물에 활용하기 위한 연구도 활발하게 진행되고 있다. 김진수 단장과 윤희준 중국 연변대 교수 연구진은 돼지의 근육 성장을 막는 유전자를 제거해 일반 돼지보다 몸집이 큰 슈퍼돼지를 만들기도 했다. 이 돼지를 식용으로 공급하면 더 많은 고기를 얻을 수 있다. 유전자 가위로 돼지의 성장호르몬을 잘라 크기가 일반 돼지의 6분의 1에 불과한 '애완용 돼지'는 이미 중국에서 개발돼 판매를 앞두고 있다.

유전자 가위를 이용해 바나나의 멸종을 막기 위한 연구도 진행되고 있다. 중국과학원 연구진은 유전자 가위로 밀에서 질병을 일으키는 유전자를 잘라 '흰가루병'에 저항성을 가진 밀을 개발해 2014년 국제학술지 〈네이처 바이오테크놀로지〉에 발표한 바 있다.

유전자 가위를 활용하면 그동안 문제가 됐던 '유전자변형생물 GMO'보다 안전한 먹거리 생산이 가능해진다. 중국과학원이 개발한 흰가루병에 저항성을 가진 밀을 GMO로 만든다면 또 다른 식물에서 질병에 강한 유전자를 잘라 삽입하는 과정을 거쳐야 한다. 다른 종과의 유전자 결합은 GMO에 대한 부정적인 인식으로 이어졌고, 안전성에 대한 우려는 여전히 끊이지 않고 있다. 유전자 가위는 식물이 갖고 있는 유전자 중 불필요한 부분을 잘라 내는 만큼 GMO와 비교했을 때 상대적으로 안전하다는 것이 전문가들의 판단이다.

"유전자 가위를 활용한 생식세포 연구를 중단합시다."

2015년 4월, 세계적 학술지 〈네이처〉에는 뜻밖의 글이 게재됐다. 미국 재생의학을 위한 연합 의장인 에드워드 랜피어 박사 등 4명의 저명한 과학자들은 유전자 가위를 활용한 인간 배아 연구를 중단해야 한다고 지적했다. 노벨상 수상자인 데이비드 볼티모어 미국 칼텍 교수 등도 〈월스트리트저널〉 기고를 통해 "지금은 유전자 편집을 하기 전에 멈춰서 생각해야 할 시간"이라고 밝혔다. 사실상 '연구 모라토리엄'을 선언한 셈이다.

이는 중국에서 진행 중인 배아에 대한 유전자 가위 적용 연구 때문이었다. 학계에서는 유전자 가위 연구가 진행되면서부터 중국에서 배아의 유전자 교정을 시작했다는 소문이 돌았다. 정자와 난자가 만난 수정란이 자라난 배아의 유전자를 교정하게 되면 '맞춤형 아기'를 낳을 수 있다는 우려 때문이었다. 아직 유전자 가위에 대한 광범위한 사회적 합의가 이뤄지지 않은 상황에서 이런 연구가 진행된다면 기술의 성장을 방해한다고 판단한 것이다.

하지만 과학자들의 목소리가 무색하게도 2015년 4월, 중국 중산대 연구진이 인간 배아에서 '베타지중해성 빈혈'에 관여하는 유전자를 잘라 내는 데 성공했다고 밝혔다. 86개의 배아 중 71개가 유전자 교정 이후 살아남았으며 이 중 28개에서 유전자 가위가 정상적으로 작동한 것을 확인했다. 확률은 낮았지만 인간 배아를 대상으로 유전자 가위를 적용한 첫 사례로 꼽히면서 많은 우려가 쏟아졌다.

이후 영국 프랜시스 크릭 연구소의 과학자들이 당국에 '크리스퍼 유전자 가위를 활용한 배아 연구를 허락해 달라'는 신청서를 제출했고, 2006년 결성된 힝스턴그룹Hinxton Group은 2015년 9월 9일, 성명서를 통해 '신중한 정책이 요구되지만 인간의 초기 발생 과정 및 질병을 연구하는 데 통찰력을 제공한다는 점에서 인간 배아 유전자 편집의 윤리적 정당성이 인정된다'고 주장했다. 유전자 가위에 대한 광범위한 연구가 사회에 미칠 파장이 제대로 연구되지 않다 보니 과학자들 사이에서도 속 시원한 결론을 내리지 못하고 있는 셈이다.

팔뚝 위의 헬스닥터 웨어러블

　미래에는 건강검진을 위해 병원을 갈 필요가 없어질지도 모른다. 최근 연구가 이뤄지고 있는 웨어러블 덕분에 병원에 가지 않고도 실시간으로 의료 데이터를 파악할 수 있기 때문이다. 특히 피부에 붙일 수 있는 얇고 휘어지는 웨어러블 소자인 '스마트 스킨'과 각종 신체정보를 모니터링할 수 있는 웨어러블 기기의 발전이 두드러진다.

　서울대 화학생물공학부 김대형 교수 연구팀은 2016년 1월 생체정보를 측정, 저장할 수 있는 웨어러블 소자를 개발했다고 밝혔다. 스티커처럼 피부에 붙이면 심장 박동 수와 심전도ECG 등 생체신호 정보를 정확하게 측정할 수 있다. 이 소자는 20%까지 잡아 늘인 상태에서 작동해도 심장 박동 수를 정확하게 측정하고 그 정보를 자체적으로 저장할 수 있다.

착용형 건강관리 기기가 주목받으면서 센서와 디스플레이 등 다양한 전자소자가 신축성 기판 위에 제작되고 있지만, 저장장치인 플래시 메모리는 딱딱한 단결정 실리콘 기반으로 제작돼 유연한 기판 위에 구현하는 것이 어려웠다. 김 교수 연구팀은 이를 극복하기 위해 신축성 웨어러블 플래시 메모리를 만들어 냈다. 연구팀은 웨어러블 플래시 메모리에 심전도 센서와 증폭기를 추가해 손목에 붙여 심박 수를 측정할 수 있는 측정·저장 소자를 제작했다. 운동 전후 심박 수 변화가 시간 정보와 함께 측정돼 저장됐으며 이 정보는 6시간 이상 유지됐다.

앞서 2015년 김 교수는 니코틴 패치처럼 파킨슨병에 걸린 환자의 피부에 붙인 뒤 필요할 때마다 스스로 약물을 전달할 수 있는 스마트 스킨을 개발하기도 했다. 근육감지 센서와 열을 발생시키는 센서, 약물이 들어가 있는 지름 40~50㎚나노미터, 1㎚는 10억 분의 1m 의 입자가 같이 들어 있다. 파킨슨병 환자의 근육이 비정상적으로 움직이면 온도센서가 열을 발생시키고 이 열로 나노입자가 녹으면서 약물이 피부로 스며드는 방식이다. 상용화될 경우 스마트 스킨이 위험한 상황에서 자동으로 약을 투여해 주기 때문에 환자가 약 먹을 시기를 일일이 챙기지 않아도 돼 편리하다.

국내외 전문가들은 웨어러블 기기 발전의 종착점은 스마트 스킨처럼 '피부에 직접 붙이는 방식'이 될 것으로 전망하고 있다. 고령화가 진행됨에 따라 헬스케어에 대한 관심이 높아지면서 구글,

상용화돼 판매되고 있는 웨어러블 기기의 모습.

인텔 등 주요 IT기업들도 헬스케어를 접목한 웨어러블 기기에 관심을 보이고 있다.

미국 반도체회사인 인텔과 유명 배우 마이클 J. 폭스가 설립한 파킨슨 재단은 2016년 1월부터 파킨슨병 치료제에 대한 임상실험에 들어갔다. 이 재단은 캐나다의 바이오테크회사인 시냅서스 세라퓨틱스가 파킨슨병 환자에게서 종종 나타나는 '오프 에피소드근육 경직' 증상을 치료하는 약품의 임상 3상 실험을 실시하는 데 협력할 예정이다. 오프 에피소드 증상이 발생하면 환자들이 완전히 움직이지 못하거나 낙상 사고를 당할 위험이 높아진다.

여기까지 내용을 놓고 보면 일반 제약회사 등에서 항상 해 왔

국내 연구진이 개발한 웨어러블 기기의 모습. 몸에 붙이기만 해도 생체신호 측정과 함께 미량의 약물을 피부로 투여할 수 있다.

던 평범한 임상실험처럼 보이지만 조금 더 들여다보면 특이한 점이 있다. 이번 임상실험에 참가하는 126명의 환자들은 동작을 감지하는 기능을 가진 스마트워치를 착용하게 된다. 스마트워치를 통해 오프 에피소드 증상을 모니터링할 수 있으며 환자들에게 약물 복용의 필요성을 알람으로 알려 줄 수 있다.

인텔은 스마트워치에 내장될 앱과 스마트워치를 통해 수집한 데이터에 대한 평가 툴도 제공하기로 했다. 마이클 J. 폭스 재단 측은 인텔과 시냅서스세라퓨틱스 간 협력을 통해 파킨슨병에 대한 방대한 온라인 데이터 구축을 목표로 하는 '폭스 인사이트' 프로젝트에 많은 도움이 될 것으로 전망하고 있다. 파킨슨병은 동작을 감지하는 데 유용한 웨어러블 기기의 좋은 시험무대가 될 전망이다. 인텔과 시냅서스세라퓨틱스의 협력은 IT기업들이 갈수록 헬스케어 분야를 중시하고 있다는 것을 보여 주는 좋은 사례다.

구글도 2016년 초 미국 특허청으로부터 이용자에게 약 먹을 시간을 알려 주는 메커니즘에 대한 특허를 취득했다. 이 특허는 사용자가 식사할 때 하는 행동을 미리 입력해 놓고, 이와 유사한 행동을 기계가 인식해 사용자가 식사를 하고 있다고 판단하면 약을 먹어야 한다는 내용의 알림 메시지를 전송하는 방식이다. 숟가락을 든 손을 접시에 가져갔다가 입으로 가져가는 행동, 이용자의 혈당량 수치, 마실 때 발생하는 소리, 사용자의 현 위치, 사용자가 바라보는 시선 등을 웨어러블 기기가 종합적으로 인식해 사용자의 식사 때 행동 패턴을 학습하는 것이다.

구글은 하드웨어 부분에서는 당 측정 센서를 탑재한 콘택트렌즈를 소개했다. 당뇨병 환자를 위한 것으로 렌즈 착용만으로 건강 상태를 확인할 수 있다. 소프트웨어에서는 복잡한 신체 정보를 분석할 수 있는 알고리즘을 연구한다. 질병이 나타나기 전 사전 경고 패턴을 발견하고 진단해 이를 효과적으로 치료한다는 계획이다. 이를 위해 웨어러블 센서와 전통적인 의료 테스트를 결합하기로 했다.

미국 라스베이거스에서 열린 국제전자제품박람회CES 2016에선 의료용 웨어러블 기기를 개발하는 미국 뉴로메트릭스사가 진통을 완화해 줄 수 있는 웨어러블 기기 'Quell'을 선보였다. 허벅지에 착용하는 이 기기는 신경을 자극해 뇌에 신호를 보내 몸에서 만들어지는 천연 마취제인 엔케팔린을 생성하도록 해 준다. 약물이 없이 통증을 완화해 줄 수 있는 것이다. 모바일과 연동하는 것도 가능해 애플리케이션으로 기기를 제어할 수 있다.

피부에 붙일 수 있는 웨어러블이 강조되면서 플렉서블Flexible, 휘어지는 디스플레이에 대한 개발도 이뤄지고 있다. 세부적으로는 벤더블Bendable, 구부릴 수 있는, 폴더블Foldable, 접을 수 있는, 롤러블Rollable, 말 수 있는, 스트레처블Stretchable, 크기 조정이 가능한 디스플레이가 등장할 전망이다.

LG전자는 CES 2016에서 종이처럼 돌돌 말리는 18인치 롤러블 디스플레이를 공개해 주목을 받았다. 이 제품은 디스플레이를 말아 접었을 때 원지름이 6㎝ 정도에 불과하다. 플렉서블 디스플레이가 적용될 경우 신문, TV 등도 편리하게 휴대하고 다닐 수 있을 전망이다. 평소엔 돌돌 말아서 보관하다가 필요할 때 가방이나 주머니에서 꺼내 펼치면 그 자리에서 신문, 영화, TV 등을 볼 수 있기 때문이다. 노트북, 모니터, TV 등 기존 화면을 급속도로 대체할 것으로 예상되며 말아서 휴대할 수 있기에 전자책 시장 등이 활성화될 수 있다.

조광수 연세대 정보대학원 교수는 "21세기 가장 빠르게 변화하는 것은 IT로 2016년을 기점으로 '비욘드 스마트폰Beyond Smartphone',

헬스케어에 적용된 웨어러블의 7가지 장점

자가지각 (Self-Awareness)	습관, 운동능력 등 자신의 건강상태에 대해 정확히 알 수 있음
경향 파악 (Trend Identification)	평소 생활습관에 맞춰 식단 조절 등 대응 가능
객관적인 데이터 (Objective Data)	웨어러블로 수집된 정보는 의사에게 데이터로 제공
책임감 부여 (Accountability)	건강관리에 책임감을 부여, 목표 정진을 하도록 만들어 줌
동기 부여 (Motivation)	경고 메시지 등을 통해 목표 달성을 도움
체중 감량 (Weight Loss)	식단 조절 등을 통해 체중 감량에 도움이 됨
목표 유지 (Adherence)	목표와 시한을 정해 놓기 때문에 달성 가능성이 높아짐

즉 스마트폰을 뛰어넘는 기술이 등장할 것"이라고 말했다.

시장조사업체인 주니퍼리서치는 2015년 45억 달러(약 5조 4,000억 원)였던 세계 웨어러블 기기 시장 규모가 2019년 532억 달러(약 64조 1,600억 원)로 10배 이상 증가할 것으로 전망했다.

단국대 웨어러블 싱킹Thinking 센터는 웨어러블 소프트웨어 기술 개발과 웨어러블 서비스 연구개발을 목표로 설립됐다. 센터장인 최용근 단국대 컴퓨터공학과 교수는 "웨어러블 싱킹 센터는 최고 의 웨어러블 소프트웨어 기술을 통한 웰빙 실현이 목표"라고 밝 혔다. 이 센터엔 판교, 광교, 분당 등 한국의 실리콘밸리로 불리 는 지역뿐만 아니라 서울대, KAIST, 고려대, 서울시립대 등의 대학에서 24명의 전문가들이 참여하고 있다. 웨어러블 뇌졸중 재활 시스템, 웨어러블 로봇 및 임베디드 소프트웨어 분야 등에서 실력을 쌓은 벤처기업인 네오펙트, 세계 최고의 체지방 측정 장비인 인바디 웨어러블 밴드를 만든 인바디, 뇌전도EEG 기반 뇌인지 웨어러블 기술을 보유한 와이브레인 등 헬스케어 분야의 기업들도 여럿 참여하고 있다.

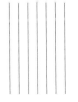

서울서 뉴욕까지 30분,
상용화되는 우주발사체

"보잉 747 여객기를 한 번 타고 버린다고 생각해 보세요. 얼마나 비싸겠습니까."

아마존 창업자인 제프 베조스가 미국의 한 방송에서 이렇게 이야기했다. 사실이었다. 지금까지 인류는 지구를 벗어나기 위해 수천억 원의 돈을 들여 발사체를 만들었다. 단 1대의 가격이었다. 지구 대기권을 벗어나 우주에 도달하면, 발사체는 힘없이 바다로 떨어졌다. 발사 도중 폭발이라도 한다면 공중에서 수천억 원의 돈이 사라지는 셈이었다. 인류가 달에 발자국을 남긴 지 반세기가 다 되어 가지만 여전히 우주는 너무도 먼 곳이다.

"아무런 손상이 없었습니다. 다시 쏠 준비가 끝났습니다."

민간 우주개발회사인 스페이스X의 창업자 일론 머스크가 2015년 12월 발사 후 다시 지상에 착륙한 발사체 '팰컨9'의 상태를 보고받은 뒤 SNS에 글을 남겼다. 스페이스X는 드디어 발사체 회수에 성공했다. 그것도 상공 800㎞에 통신위성 11개를 내려놓고 난 뒤였다. 이 발사체를 사용해 다시 인공위성을 우주에 내려놓거나, 국제우주정거장ISS에 물품을 전달하는 보급선을 보내면 '발사체 재활용'에 사실상 성공하게 된다.

머스크는 언론 인터뷰에서 "만약 발사체를 재활용할 수 있다면 우주여행 비용은 크게 감소될 수 있다. 몇 년 뒤에는 재활용이 가능해질 것"으로 기대했다. 베조스가 만든 블루오리진도 이보다 앞선 2015년 11월 23일, 발사체 '뉴 세퍼드호'를 발사한 뒤 안전하게 땅에 착륙시키는 데 성공했다.

일반인에게는 멀게만 느껴졌던 우주여행이 성큼 다가왔다. 기술적으로 우주여행은 불가능하지 않다. 이미 우주에서 지구를 바라본 우주인은 500여 명이나 된다. 하지만 이들은 수년간의 훈련을 받고 제한된 시간에 자신의 임무를 효율적으로 해내야만 했다. 우주에 한 번 갈 때 지불해야 하는 비용이 만만치 않기 때문이다. 이런 고정관념이 바뀌게 해 준 것이 바로 스페이스X와 블루오리진의 실험이었다. 이들의 실험 덕분에 수년 뒤 발사체 재활용 시장이 본격적으로 열릴 것으로 기대되고 있다.

스페이스X가 공개한 1회 발사비는 팰컨9의 경우 762억 원이다. 더 많은 물건을 실을 수 있는 팰컨 헤비는 1,068억 원이다. NASA의 아틀라스, 델타와 같은 발사체를 한 번 쏘는 데 필요한

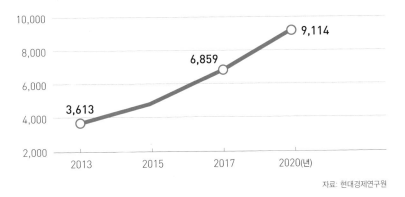

세계 우주 관련 시장 규모 전망   (단위: 억 달러)

3,613

6,859

9,114

2013   2015   2017   2020(년)

자료: 현대경제연구원

비용은 2,700억 원에 달한다. 우리나라가 2019년 첫 발사를 계획하고 있는 한국형 발사체는 기술 개발비 등 총 사업비가 1조 9,572억 원에 달한다. 스페이스X는 "팰컨9을 재활용하는 데 드는 비용은 약 2억 3,000만 원이다. 발사체를 재활용하면 우주 발사 비용을 현재의 100분의 1로 줄일 수 있다"고 밝혔다.

우주여행에 발사체가 필요한 이유는 '중력'을 이겨내는 힘이 필요하기 때문이다. 지구 대기권을 탈출할 수 있는 최소한의 속도는 초속 10㎞. 일반 비행기로는 어림도 없다. 고정환 한국항공우주연구원 한국형발사체개발본부장은 "대기 중의 산소를 빨아들여 연료를 연소시키는 비행기의 엔진으로는 우주로 향할 수 없다. 자체적으로 산소와 연료를 싣고 다니며 연소시켜 추진력을 얻는 것은 발사체만이 할 수 있다"고 설명했다.

스페이스X가 개발한 우주발사체 발사 장면. 스페이스X는 발사체를 재활용해 가격을 낮출 수 있는 연구를 하고 있다.

과거 우주 개발은 미국, 러시아, 유럽 등의 전유물이었다. 많은 돈이 필요할 뿐 아니라 발사체는 '대륙간탄도미사일'로 활용될 수 있기에 정부가 나서서 지원하는 프로젝트로만 진행돼 왔다. 방송, 통신을 위해 인공위성을 쏘아 올리고 싶은 나라는 많지만, 발사체 시장은 한정돼 있기 때문에 가격을 낮출 필요도 없었다.

2000년대 이후 상황이 조금씩 바뀌기 시작했다. 일본과 중국, 인도 등 아시아 국가들이 발사체 개발에 뛰어들고 성공적으로 운영하면서 우주 개발 경쟁이 점점 치열하게 진행되고 있다. 또한 화성 이주와 같이 공상과학SF 소설로만 여겼던 일들이 현실이 될 수 있다는 기대감이 생겨나면서 발사체 개발에 민간기업이 참여하기 시작했다. 중장기적으로 봤을 때 경제적으로도 큰 이득을 줄 수 있다는 판단 때문이다.

발사체는 대륙 간 빠른 이동수단으로도 활용할 수 있다. 발사체의 속도만 감안한다면 서울에서 출발해 미국 뉴욕에 도착하는 시간은 30분이면 충분하다. 탁민제 KAIST 항공우주공학과 교수는 "발사체 회수 실험에 대한 안정성이 확보되고 수차례 재활용이 가능해진다면 우주여행 비용은 크게 떨어질 것이다. 일반인들이 짧은 시간의 훈련을 받은 뒤 우주여행을 하는 것이 불가능한 일만은 아니다"라고 말했다.

이처럼 발사체 개발은 단순히 우주여행에만 활용되지 않는다. 핵융합이 현실화된다면 연료로 사용하는 헬륨을 얻기 위한 경쟁도 치열해질 수 있다. 달에는 일반 헬륨보다 중성자가 하나 적은 '헬륨3'가 풍부하게 존재하고 있다. 이는 핵융합의 연료인 삼중수소를 대체할 수 있다. 헬륨3의 가치는 t당 40억 달러, 우리 돈으로 약 4조 8,000억 원에 이를 것으로 추정하고 있다. 만약 달에서 수십 t의 헬륨3를 가져온 뒤 핵융합에 활용할 수 있다면 에너지 문제 해결이 가능하다.

또한 달에 있는 헬륨3를 활용해 더 먼 우주로 나아가기 위한 연료로 활용할 수 있다. 실제로 과거 조지 부시 전 미국 대통령은 우주 개발 지원을 두고 "달에 있는 자원을 효과적으로 활용하기 위해서"라고 언급한 바 있다. 아직 발견되지 않은 달의 자원을 선점하기 위해서라도 싸고 안전하게 달로 향할 수 있는 발사체 기술은 우주 개발 경쟁의 필요조건이다.

발사체 시장에서 기술력을 확보하지 못한다면 미래에 새롭게 열릴 자원 시장에 진입하는 것 자체가 어려울지 모른다. 미국은 화성뿐 아니라 달 궤도선을 쏘아 올릴 계획을 세우고 있고, 러시아는 무인 달 착륙 시험에 나서고 있다. 가까운 일본도 2019년 새로운 발사체 기지를 건설하고 2025년까지 5조 엔(약 44조 5,000억 원)을 투자한다고 밝혔다. 달을 비롯해 우주에 존재할 수 있는 자원 시장 선점을 위해서다.

우리나라는 다른 선진국보다 뒤늦게 우주 개발에 뛰어들었다. 2012년 '나로호' 발사에 성공한 경험이 있지만 발사체의 핵심이라 할 수 있는 1단 로켓은 러시아제를 사용했다. 이후 정부는 2019년 발사를 목표로 우리 기술로 만든 한국형 발사체 사업을 진행하고 있다.

1단 발사체에 75t급 엔진 4개, 2단 발사체에 1개를 탑재하고 3단 로켓에는 7t급 엔진이 사용되는 한국형 발사체는 향후 달 탐사 로봇을 싣고 우주로 향한다는 계획이다. 2017년 12월, 75t 엔진을 탑재한 시험발사체를 쏘아 올리는 시험을 준비하고 있다. 고정환 본부장은 "미국과 러시아와 비교하면 한국은 60여 년이나 늦게

스페이스X가 개발한 무인 우주선 '드래곤'의 모습.

발사체 개발에 뛰어든 것이다. 풍부한 경험으로 기술력을 확보하
고 있는 발사체 선진국을 따라가는 일이 쉽지 않다"고 말했다. 작
은 부품 하나를 만들려고 해도 이를 납품할 수 있는 산업체가 없
기 때문에 개발 과정에서 상당히 오랜 시간이 걸린다.

하지만 우주 개발 과정에서 '경험'은 기술력을 빠르게 성숙시킬
수 있는 지름길로 통한다. 고 본부장은 "나로호 발사를 통해 발사
체 전체를 컨트롤하고 성공하며 자신감을 얻은 것은 값진 경험이
었나. 한국형 발사체 사업이 성공적으로 마무리된다면 이후 빠른
기술력 확보를 통해 우주 개발 경쟁에서 뒤처지지 않을 수 있다.
발사체는 훗날 우주 개발은 물론 다양한 수익을 창출할 수 있는
성장동력이 될 것이며 한국도 이 경쟁에 뒤처지지 않기 위해 꾸
준한 투자와 인력 양성이 시급하다"고 말했다.

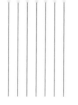

교통사고가 뭐예요?
자율주행차 시대

"자율주행차의 진정한 가치는 운전을 안 하는 것이 아닙니다. 수많은 자율주행차가 각각 '슈퍼컴퓨터'가 돼 세상을 바꿀 정보를 모을 것입니다."

세계 최대 전자쇼인 CES 2016에서 열린 토론회 '미래의 도시 운송'에 참여한 이스라엘 차량센서업체 모빌아이의 암논 샤수아 최고기술책임자CTO는 이렇게 말했다. 이 토론회에는 샤수아 CTO 와 앤서니 폭스 미국 교통부 장관, 스티브 몰렌코프 퀄컴 최고경영자CEO, 볼크마르 데너 보쉬 CEO, 켄트 랄슨 MIT 미디어랩 교수가 참여했다.

샤수아 CTO는 "자율주행차는 슈퍼컴퓨터가 될 최적의 요건을 갖추고 있다"고 덧붙였다. 자율주행차(혹은 무인차)는 운전자가 차량을 조작하지 않아도 스스로 주행하는 자동차를 의미한다. 자

구글이 개발한 자율주행차가 미국 도로를 달리고 있는 모습.

율주행차가 성공하려면 여러 가지 기술이 종합적으로 필요하지만 그중에서도 사람의 눈, 귀 등의 역할을 할 수 있는 각종 센서 기술이 핵심이다. 자동차가 탑승자를 보호하면서 스스로 안전한 주행을 하려면 정확한 판단을 내려야 하고 판단을 위해선 여러 가지 정보의 습득, 처리가 필수적이다.

자율주행차는 음성, 주변 환경 등을 인식하는 수많은 센서를 단 채 여러 곳을 돌아다닌다. 자연스럽게 자동차 주변의 정보를 습득할 수 있다. 샤수아 CTO는 "자율주행차가 모은 정보를 도시 인프라 투자 등에 적용한다면 큰 성과를 기대해 볼 수 있다"고 전망했다.

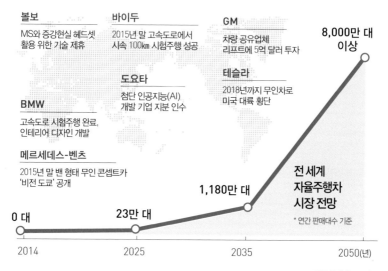

자동차·IT업체 자율주행차 개발 현황

볼보
MS와 증강현실 헤드셋
활용 위한 기술 제휴

바이두
2015년 말 고속도로에서
시속 100㎞ 시험주행 성공

GM
차량 공유업체
리프트에 5억 달러 투자

도요타
첨단 인공지능(AI)
개발 기업 지분 인수

테슬라
2018년까지 무인차로
미국 대륙 횡단

BMW
고속도로 시험주행 완료,
인테리어 디자인 개발

메르세데스-벤츠
2015년 말 밴 형태 무인 콘셉트카
'비전 도쿄' 공개

8,000만 대
이상

1,180만 대

23만 대

0 대

**전 세계
자율주행차
시장 전망**
* 연간 판매대수 기준

2014   2025   2035   2050(년)

자료: IHS오토모티브

자율주행차를 놓고 자동차업계와 IT업계가 주도권 싸움을 벌이고 있다. 자율주행차는 자동차이기도 하고 거대한 슈퍼컴퓨터이기도 하기 때문이다. 독일의 메르세데스-벤츠는 CES 2015에서 자율주행차 'F015'를 선보였다. 다임러의 디터 제체 CEO는 "F015는 궁극적으로 '모바일 거주 공간', '쉬고 일하고 놀 수 있는 제3의 공간'을 지향한다. 승용차는 향후 사적인 공간과 품위 있는 시간을 제공하는 21세기의 가장 중요한 사치재가 될 것이다. 인간과 자동차의 관계를 새롭게 정립하는 관문을 여는 차"라고 밝혔다.

벤츠가 새롭게 선보인 콘셉트카 F015는 자동 주행 모드를 선택하면 핸들이 전면의 대시보드 안으로 밀려들어가고 운전석과 조수석이 뒤로 회전해 앞뒤 좌석이 마주보게 된다. 내부에는 6개의 스크린이 장착돼 있다. 탑승자들은 스크린 터치나 동작, 눈짓을 통해 원하는 기능을 수행할 수 있다. 직접 운전을 하고자 하면 운전석이 다시 앞으로 회전하고 대시보드에서 핸들이 나오게 된다. 물론 F015는 자율주행차인 만큼 운전을 염두에 두고 설계된 차량은 아니다. 차량이 스스로 이동하는 중에 탑승자들은 일하거나 쉴 수 있다는 장점을 내세운 차량이다.

시제품을 선보인 벤츠는 2020년까지 자동 고속도로 주행 옵션을 제공할 계획이다. 운전자가 핸들을 잡지 않고도 시속 120㎞로 주행할 수 있도록 만든다는 게 목표다. 벤츠는 이미 교통정체 시 승용차의 주행을 자동 통제하는 '스톱 앤드 고 파일럿'을 개발했다.

벤츠의 고속도로 자동주행 기능은 제너럴모터스GM가 개발한 슈퍼 크루즈 시스템과 유사하다. GM은 2017년부터 캐딜락 모델에 이를 장착한다는 계획을 세우고 있다. 독일 자동차회사 아우디는 자동주행 기능을 갖춘 A7 모델을 실리콘밸리~라스베이거스 구간에 투입해 무려 900㎞를 주행했다. BMW는 스마트워치를 이용해 자율주행차가 주차장에서 스스로 빈자리를 찾아가도록 하는 시스템을 개발하고 있다.

구글은 2009년 프리우스를 개조한 자율주행차로 70만 마일(약 110만 ㎞) 이상의 시험주행을 마쳤다. 2014년 5월엔 자체 개발한 2인승 자율주행차도 공개했다. 애플도 자율기능이 장착된 전기차 개발을 목표로 2014년부터 수백 명의 전문 인력을 투입해 연구개발에 몰두하고 있다.

현대자동차는 2015년 12월 국내 최초로 자율주행 기술을 적용한 EQ900을 선보였다. 앞에 다른 차가 있으면 자동으로 멈췄다가 출발한다. 제한속도 구간이나 과속위험 구간에선 스스로 속도를 줄이기도 한다. 삼성전자도 최근 자동차 전장 사업에 뛰어들었다. 삼성전자는 인포테인먼트, 자율주행차 중심으로 역량을 집중하기로 했다. LG전자도 10여 년 전부터 자동차 전장 사업을 추진하다 2013년 7월 독립 사업본부를 만들었다. 구글의 자율주행차 프로젝트 협력사로 선정되기도 했다.

선우명호 한양대 미래자동차공학과 교수는 "삼성전자나 LG전자 등 IT기업들이 많은 역할을 해 줘야 한다. 자율주행차가 위치정보나 주변 환경을 인지하려면 관련 기술이 대거 필요하기 때문이다. 핵심 센서를 만드는 한국 기업이 아직 없기 때문에 IT기업들이 맡을 역할이 많다"고 말했다.

현대차는 2006년부터 한양대와 함께 자율주행차 기술 개발에 들어갔지만 글로벌 업체에 비해 약 5년가량 기술력이 뒤처져 있다. 김필수 대림대학 자동차학과 교수는 "국내 자율주행차 기술

구글의 자율주행차 기술력은 상용화 직전에 도달했다는 평가를 받고 있다. 반면 한국은 아직 걸음마 수준이라는 지적이 나온다.

은 해외 업체들에 비해 떨어진다. 구글의 경우 자율주행 누적거리가 무려 100만 ㎞가 넘지만 국내에선 이런 데이터도 없다"고 지적했다.

비록 늦긴 했지만 국내 업체들은 자율주행차 관련 기술 개발에 박차를 가하고 있다. 자율주행차의 핵심 요소인 지도 개발도 이뤄지고 있다. 국내 업체들의 지도 수준의 오차는 최대 10m에 이르는 상황이라 아직은 갈 길이 멀다. 세계 1위 내비게이션 '히어'는 도로 기울기와 굽은 정도, 차선폭까지 인식이 가능하다. 핀란드 노키아의 소유였지만 최근 가능성을 알아본 BMW 등 독일 자동차회사 3사가 공동 인수했다. 자율주행차 개발을 위해 필수적이기 때문이다.

국내외 기업들이 앞다퉈 자율주행차 시장에 뛰어들면서 관련 시장은 크게 성장하고 있다. 미국 내 비건트리서치는 2035년 전 세계 자율주행차 시장 규모가 743조 원에 이를 것으로 전망했다. 2035년에는 자율주행차 판매 비중도 75%에 달할 것으로 예상했다.

자율주행차 상용화가 가져올 수 있는 가장 큰 효과는 교통사고의 급감과 이로 인한 자동차 수리비용 절감이다. 한국은 약 5,000명 정도가 매년 교통사고로 숨진다. 미국의 경우 매년 3만 3,000명이 교통사고로 목숨을 잃는다. 미국에서 일어난 사고 중 80%는 음주, 과속운전 등 운전자 부주의 때문이다. 컴퓨터로 작동되는 자율주행차가 상용화될 경우 사고가 크게 줄어들 것으로 기대된다. 이에 따라 미국에서 연간 1,000억 달러(약 120조 5,000억 원) 이상의 매출을 올리는 자동차 보험산업은 위축될 수 있다. 교통사고가 줄어들기 때문에 운전자들은 보험료 부담이 대폭 줄어들 것이다.

물론 역효과도 있다. 운수·여객 업무를 담당하는 운전사들의 일자리가 사라지는 것이다. 미국에서만 170만 명의 트럭 운전기사, 65만 명의 버스 기사, 23만 명의 택시 기사가 자율주행차 도입으로 인해 없어질 가능성이 높다. 다만 이는 점진적으로 이뤄질 전망이다. 선우 교수는 "가령 화물차의 경우 당장 운전기사를 안 쓴다는 것이 아니다. 비상조작이 필요한 경우가 생기기에 기사가 앉아 있지만 운전하지 않을 뿐"이라고 설명했다.

CHAPTER **04**

미래기술 전쟁에서
승리하려면

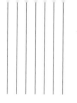

미래는 꿈꾸는 자의 것이다

2015년 10월 21일 〈백 투 더 퓨처Back to the Future〉가 전 세계에서 동시에 재개봉됐다. 미국 백악관에서도 이를 기념해서 영화가 상영됐다.

30년 전 영화 〈백 투 더 퓨처〉가 상상했던 미래가 2015년 10월 21일이기 때문이다. 비록 시카고 컵스의 미국 메이저리그 월드시리즈 우승 전망은 빗나갔지만 영화 속에서 꿈꾼 미래의 모습은 대부분 실현되고 있다. 30년 전에는 꿈만 꾸던 영상통화와 화상회의가 일상화됐고 각종 웨어러블 기기도 현실화됐다.

미래는 꿈꾸는 자들의 것이다. 구글이 SF 소설을 쓰는 작가들을 채용한 이유도 여기에 있다. 마음껏 상상의 나래를 펼쳐 보라는 것이다. 그런 상상을 통해 미래를 선점할 과학기술들이 예측될 수 있기 때문이다.

과학기술을 통한 미래 예측은 중요한 의미를 갖고 있다. 과학기술이 사회에 미치는 파급력이 점점 커지고 있기 때문이다. 이를 미리 예측하고 관련 제도를 정비하며 대비하는 일이 필요하다. 박문호 한국전자통신연구원ETRI 지능형인지기술연구부 책임연구원은 "산업계 입장에서도 미래를 예측하는 일은 기업의 운명을 좌지우지하는 중요한 사안이다. 정부와 기업이 빠른 사회 변화에 적응하려면 미래기술을 예측하고 기술 방향성을 논의해 나가는 것이 중요하다"고 말했다. 이렇게 해야 과학기술에 대한 체계적이고 장기적인 투자가 가능해진다. 과학기술에 대한 정확한 목표 설정과 꾸준한 투자는 성공으로 이어진다.

"자원이 거의 없는 우리 자연조건에 적합하면서 부가가치가 높고 고도의 기술을 요하는 제품 개발만이 제2의 도약을 기할 수 있는 유일한 길이라고 확신한다." 고故 이병철 삼성 창업주가 1983년 도쿄 선언을 통해 삼성전자의 반도체사업 진출을 선언하면서 한 발언이다. 당시만 해도 한국은 반도체사업을 시작할 토양이 없다는 분석이 지배적이었다.

빈도체사업은 인구 1억 명 이상, 국민총생산GNP 1만 달러 이상, 국내 소비 50% 이상에 달해야 한다는 일종의 '공식'이 있었다. 한국은 어느 것 하나 조건을 충족하는 게 없었다. 우려 속에 삼성전자는 반도체사업에 뛰어들었다. 그리고 도쿄 선언 10개월 만에 세계에서 세 번째로 64K D램을 선보이며 글로벌 반도체업체로

부상했다. 삼성전자가 첨단 과학기술의 집약체라고 할 수 있는 반도체 부문에 뛰어들면서 한국은 IT 강국으로서의 기반을 다지게 됐다.

1986년에도 비슷한 순간이 찾아왔다. 1M D램 양산을 위해 3라인 투자를 결정할 시점에 이병철 창업주는 기흥에 3라인을 건설하고자 했고 투자를 재촉했다. 당시 삼성전자는 1·2라인 건설로 이미 적자 상태였고 3라인 건설에는 추가로 3억 4,000만 달러(약 4,000억 원)의 비용이 들어갈 것이란 추산이 나왔다. 임원진들은 창업주의 판단이 흐려졌다며 결사반대했지만 결국 창업주는 "1987년 8월 7일 착공하라"고 엄명을 내려 마무리 지을 수 있었다.

창업주가 내린 결정은 이건희 회장 대에서 결실을 맺기 시작했다. 삼성전자는 1992년 64M D램 최초 개발, 1993년 메모리 반도체 세계 1위, 1994년 256M D램과 1996년 1G D램 연속 개발, 2002년 낸드플래시 세계 1위, 2006년 세계 최초 50나노 D램 개발 등을 달성하며 반도체업계를 주도하는 기업이 됐다.

이후 삼성전자는 승승장구했다. 하지만 반도체의 크기를 줄이면서 용량을 높이려는 시도는 한계에 다다르는 듯했다. 이를 극복한 것 역시 먼 미래를 내다봤던 투자 덕분이었다. 2000년 7월, 256Mb메가바이트 수준의 메모리 반도체가 개발되던 때 한국 정부는 1조에 해당하는 '테라급' 반도체 개발에 나섰다. 13년 뒤인 2013

년, 삼성전자는 이 기술을 상용화하는 데 성공하며 업계 최고인 128Gb_{기가비트} 반도체를 개발해 집적도가 한계에 다다랐다고 평가 받았던 것을 극복했다. 업계에서는 이 기술로 삼성전자가 경쟁사와의 기술 격차를 1~2년 더 벌렸다는 평가가 나왔다. 13년 전, 먼 미래의 치열한 경쟁을 예상하고 투자를 시작하며 얻은 결과물이었다.

2015년 최고의 한 해를 보낸 한미약품도 미래를 내다본 연구개발_{R&D} 투자로 성공을 거둘 수 있었다. 2015년에만 5차례에 걸쳐 사노피, 얀센, 베링거인겔하임 등 유수의 다국적 제약사를 상대로 계약 규모 7조 원이 넘는 대형 신약기술 수출계약을 줄줄이 체결했다. 신약 개발은 단시간에 성과가 나오기 힘든 분야로 막대한 금액을 꾸준히 투자해야 한다. 조급하게 성과를 바란다면 좋은 결과를 얻을 수 없는 분야다.

한미약품이 2015년 이 같은 성공을 할 수 있었던 데는 13년 전 시작한 '랩스커버리' 기술이 큰 역할을 했다. 약효 지속 기간을 늘려 약 투여량과 횟수를 줄여주는 기술이다. 권세창 한미약품 연구소장은 "제약산업 R&D는 오래 걸리기 때문에 현재 시장이 뭘 필요로 하느냐가 아니라 10년 후 뭐가 필요한지에 관심을 갖고 의사결정을 해야 한다"고 말했다. 2015년 한미약품이 대규모 기술 수출계약에 성공한 이유도 바로 10년 전 오늘을 내다보며 진행했던 연구들이 이제 와서 결실을 보고 있기 때문이다. 이관순

한미약품 대표는 2015년 11월 열린 한국제약산업 공동 컨퍼런스 KPAC 기조연설을 통해 "2010년, 2011년에는 한미약품에 정체기가 찾아왔지만 신약 개발을 늦추면 가치가 절반으로 뚝 떨어진다는 신념으로 R&D를 줄이지 않고 유지, 확대했다. 어려움 속에서도 이어진 꾸준한 투자가 좋은 결과로 이어졌다"고 밝혔다.

한국 과학기술의
현주소

1960년 1인당 국민소득 79달러. 세계 최빈국에 속했던 한국은 1970년대 빠른 산업화를 토대로 경제 성장을 이루며 '한강의 기적'을 만들어 냈다. 경제 성장 과정에서 과학기술은 큰 역할을 했다. '추격형 연구'를 통해 부족한 기술력을 빠르게 끌어올렸다. 기업과 대학의 연구개발R&D 능력이 다른 나라와 비교했을 때 부족했던 상황에서 정부 주도형 R&D는 성공을 거뒀다. 정보통신, 자동차, 조선업 등 현재의 한국을 만든 많은 산업들이 모두 정부 주도형 R&D를 통해 성장했다. '패스트 팔로우Fast Follow'로 불리는 추격형 연구는 한국의 경제를 이끈 견인차 역할을 했다.

하지만 2000년대에 들어서면서부터 한국의 R&D는 문제와 맞닥뜨리게 된다. 과거 성장동력으로 불렸던 반도체, 자동차 등 여러 분야의 발전 속도가 한계에 다다르면서 추격형 연구로는 가치

창출이 어려워진 것이다.

한국의 R&D는 과거 추격형 연구를 추구하면서 '실패 없는 연구'가 이어져 왔다. 산업통상자원부와 미래창조과학부 등이 수행하고 있는 R&D 과제의 98% 이상이 성공한다. 성공률이 높은 이유는 대부분의 연구자들이 '성공할 만한' 연구만 해 왔기 때문이다. 추격형 연구는 효율성을 추구한다. 짧은 기간에 다른 나라나 연구 그룹에서 진행된 내용을 빠르게 따라가는 것이 목표다. 만약 자신이 수행하던 연구에서 실패하게 되면 다른 과제를 신청하기 어려워진다. 실패를 용인하지 않는 관행 때문이다. 그 결과 연구자들은 쓸모 있는 연구보다는 성공할 만한 연구에만 관심을 보였다. 성공률이 높은 만큼, 쓸 만한 연구는 없다. 논문은 많지만 좋은 특허가 나오지 않고, 대부분의 과제들이 연구가 끝나고 나면 활용되지 못하는 것도 이 때문이다.

연구제안서에는 '다른 나라와의 연구 격차'와 '연구가 가져올 경제적 효과'를 반드시 적어야만 한다. 아무도 시도해 보지 않은 연구를 해야 한다고 하면서도 연구 격차가 필요하고, 경제에 미치는 파급 효과가 필요하다. 다른 연구자와 융합 연구를 하고 싶어도 연구제안서에는 이 연구가 '생물' 분야인지, '기계공학' 분야인지를 선택해야 한다. 추격형 연구에서 선도형 연구로 전환해 가야 하는 시점에서 연구 제도는 과거에 머무르고 있는 셈이다.

R&D 규모가 커지고 과학자 수가 늘어나면서 연구과제 선정

시 공정성을 추구하는 절차가 필요해졌다. 그래서 과제를 신청한 연구자와 학연·지연 등이 있는 전문가를 제외하고 연구과제 선정 및 평가가 진행돼 왔다. 하지만 연구 분야가 점점 전문화되면서 이 같은 절차가 갖고 있는 장점은 사라졌다는 지적도 나온다. 공정성을 추구하다 보니 관련 분야와 전혀 상관이 없는 비전문가가 과제를 평가, 선정한다는 것이다. 심지어 3년 동안 했던 연구과제에 대한 평가를 비전문가가 단 하루 만에 마치는 일도 비일비재하다. 당연히 연구과제에 대한 평가는 정량적인 수준으로 진행될 수밖에 없다.

한국 정부의 R&D는 지속성이 없다는 지적도 나온다. 정부가 바뀔 때마다 "이쪽 분야가 중요하다더라"라는 한마디에 정부 예산이 갈지자 행보를 보인다는 것이다. 지난 이명박 정부에서는 '줄기세포'와 함께 '녹색'이 유행을 탔다. 대통령의 말 한마디에 관련 분야에 대한 예산이 증가하고 과제 이름에는 '녹색'이 붙기 시작했다. 결국 녹색성장의 대표 격인 태양광 R&D에 대한 예산이 이명박 정부 시절 급격하게 증가했지만 정권이 바뀐 뒤 중복 연구가 많다는 이유로 대폭 삭감됐다. 줄기세포 분야 역시 대통령의 "줄기세포에 대한 투자를 늘리자"라는 말 한마디에 제대로 된 조사도 없이 줄기세포 상용화 연구에 대한 집중 투자가 시작됐다.

최근 "과학은 없고 기술만 있다"는 비판이 나오고 있다. 과거 추격형 연구가 성공했던 원인은 기술에 초점을 맞춰 R&D가 진행됐기 때문이다. 전문가들은 이제 기술이 아니라 과학에 투자해야 할 때라고 지적한다. 하지만 연구 제도나 규제 등이 상당수 기술에만 초점을 맞추고 있어 "과학을 하기 어려운 환경"이라는 비판이 끊임없이 제기되고 있다.

자문교수단의 조언

〈매일경제〉 자문단으로 참여해 준 국내 기초과학자, 공학자들은 추격형 연구에만 집중하던 한국의 R&D 투자 관행이 선진국형으로 바뀌어야 한다고 주문했다. 성장동력이 한계에 다다른 지금, 새로운 시대를 이끌어 갈 분야에 대한 논의를 시작하고 꾸준한 연구를 할 수 있는 환경을 만들어 줘야 한다는 것이다.

김도연 포스텍 총장은 학문에 대한 인식 전환이 필요하다고 지적한다. 그는 "과거에는 먹고사는 문제가 중요했지만 이제는 해결됐다. 기초과학에 대한 저변을 넓히고 한 분야에서 오랫동안 연구를 할 수 있는 환경을 만들어 줘야 한다. 기초과학은 즐겁게 연구할 수 있어야 하는 것이다. 만약 노벨상을 목표로 연구 지원을 한다면 노벨상 수상은 더욱 멀어질 것"이라고 말했다.

오세정 서울대 물리천문학부 교수도 기초과학에 대한 투자를 이야기했다. 다만 그는 기초과학자와 공학자와의 연계가 필요하다고 주문했다. 오 교수는 "과학기술의 발전 속도는 빨라지고 이를 응용할 수 있는 시간은 짧아지고 있다. 기초과학 분야라 할지라도 공학자 등과 연계해, 새로운 성과를 현실에 빠르게 적용할 수 있는 시스템 확립이 필요하다"고 말했다. 강성모 KAIST 총장도 "공학과 기초과학, 기술 등 분야에서 구분은 아무런 의미가 없다. 새로운 시대를 열 수 있는 융합이 필요한 시점"이라고 덧붙였다.

미국 대학에서 오랫동안 교수로 지내 왔던 김성기 기초과학연구원IBS 뇌과학이미징연구단장은 R&D의 효율성을 따지는 관행을 버려야 한다고 주문했다. R&D가 돈이 되는 것은 과거 빠른 경제 발전 시기에나 가능했던 일이라는 것이다. 김 단장은 "추격형 연구가 한계에 다다른 지금 우리에게 필요한 것은 아무도 가지 않은 길을 걷는 것이다. 하지만 단기적으로 경제적 효과를 요구하고, R&D 생산성을 따지는 관행은 여전하다"고 지적했다.

그는 인간 게놈 프로젝트에 대한 예를 들었다. 김 단장은 "게놈 프로젝트가 끝나고 10년이 지난 뒤 경제적인 혜택이 투자 대비 178배에 달한다는 연구보고서가 나오고 있다. 그 효과는 시간이 지날수록 점점 커지고 있다"고 말했다. 이영희 IBS 나노구조물리연구단장도 "새로운 성장동력은 아무도 시도해 보지 않은 연구에서 나온다. 단기적인 성과가 아닌 장기적인 관점으로 R&D를 바라보는 제도가 필요하다"고 강조했다.

　세계 과학기술계는 융합·기초과학 등을 확대하는 방향으로 나아가고 있는 데 반해 한국 정부의 R&D만 과거에 묻혀 있다는 지적도 나온다. 추격형 연구의 성공 탓에 '따라가기만 하면 된다'는 향수에 젖어 있다는 것이다. 송용호 한양대 융합전자공학부 교수는 "과거와 달라지지 않으면 앞으로 나아갈 수 없는데도 과거의 틀을 깨지 못하고 있다. 우리 정부의 국가 지원 시스템은 느릴 뿐 아니라 부정적인 부분이 많다"고 말했다. 백롱민 분당서울대병원 교수는 "비전문가의 과제 평가, 부처별로 놓여 있는 장벽으로 인해 어려운 융합 연구 및 중복투자 등이 해결되어야 한다"고 말했다.

　과거 정부 주도형 R&D의 성공에 젖어 새로운 제도로의 전환이 어려운 것 아니냐는 지적도 나온다. 홍경태 한국과학기술연구원KIST 책임연구원은 "나라가 커질수록 정부의 역할은 줄어드는 것이 맞다. 정부가 개발한 기술을 민간이 활용하는 것이 관례처럼 여겨지고 있다. 구글, 아마존 등 세계적인 기업들은 자신들이 직접 투자 분야를 정하고 대규모 연구를 진행하고 있다. 우리 기업들도 정부에 의존하지 않는, R&D에 대한 과감한 투자가 필요한 시점"이라고 말했다.

　과학 교육 분야에 대한 변화도 촉구했다. 박영아 한국과학기술기획평가원KISTEP 원장은 "현 정부가 추진하는 창조경제는 융합적인 인재 없이는 불가능하다. 이공계 발전을 위한 창의인재 육성 방안 마련이 시급하다"고 말했다. 현재 국내 과학과 수학 교육은 암기 위주의 커리큘럼, 현재를 반영하지 못한 텍스트, 줄어드는 강의시수 등 여러 문제점에 봉착해 있다는 지적이다. 박 원장은 "초·중·고 학생들이 과학과 수학에 재미있게 다가갈 수 있도록 어른들이 교육 제도를 바꿀 필요가 있다. 과학기술이 곧 국력인 시대에 살고 있는 만큼 미래 한국을 키워 나갈 어린 학생들의 능력을 제대로 열어 줄 수 있는 교육 제도를 만들어야 한다"고 덧붙였다.

〈미래경제보고서〉기술 자문단(가나다순)

강성모 KAIST 총장
김도연 포스텍 총장
김동욱 연세대 의대 교수
김성기 기초과학연구원(IBS) 뇌과학이미징연구단장(성균관대 글로벌바이오메디컬엔지니어링학과 교수)
김성조 중앙대 컴퓨터공학과 교수
김진수 IBS 유전체교정연구단장(서울대 화학부 교수)
김학노 한국원자력연구원 부원장
박문호 한국전자통신연구원(ETRI) 지능형인지기술연구부 책임연구원
박영아 한국과학기술기획평가원(KISTEP) 원장
박현거 울산과기원(UNIST) 자연과학부 교수
백롱민 서울대 의대 교수
선우명호 한양대 미래자동차공학과 교수
송용호 한양대 융합전자공학부 교수
신용현 한국표준연구원장
오세정 서울대 물리천문학부 교수
이덕환 서강대 화학과 교수
이상목 한국생산기술연구원 뿌리산업진흥센터소장
이승구 한국생명공학연구원 바이오합성연구센터장
이승렬 한국지질자원연구원 행정지질연구실장
이영희 IBS 나노구조물리연구단장(성균관대 물리학과 교수)
이인식 문화창조 아카데미 총감독
이정모 서대문자연사박물관장
이정화 재료연구소 부원장
이종수 서울대 신입공학과 교수
이지수 한국과학기술정보연구원(KISTI) 슈퍼컴퓨팅본부 책임연구원
이창진 건국대 항공우주공학과 교수
이철희 분당서울대병원장
주진 한국항공우주연구원 항공연구본부장
최재붕 성균관대 기계공학부 교수
현택환 IBS 나노입자연구단장(서울대 화학생물공학부 교수)
홍경태 한국과학기술연구원(KIST) 물질구조제어연구센터 책임연구원

대한민국 미래경제보고서

기술의 미래

초판 1쇄 2016년 3월 25일
　　2쇄 2016년 7월 15일

지은이 매일경제 미래경제보고서팀
펴낸이 전호림　**편집3팀장 및 담당PD** 고원상　**펴낸곳** 매경출판㈜
등　록 2003년 4월 24일(No. 2 - 3759)
주　소 우)04557 서울시 중구 충무로 2(필동1가) 매일경제 별관 2층 매경출판㈜
홈페이지 www.mkbook.co.kr
전　화 02)2000 - 2610(기획편집)　02)2000 - 2636(마케팅)　02)2000 - 2606(구입 문의)
팩　스 02)2000 - 2609　**이메일** publish@mk.co.kr
인쇄 · 제본 ㈜M - print　031)8071 - 0961

ISBN 979 - 11 - 5542 - 419 - 3(03320)
　　　979 - 11 - 5542 - 424 - 7(SET)
값 8,000원